팔선생의 비법전수

TSC 가볍게 뛰어넘기
3급 모의고사

2

CARROT HOUSE
中国北京市通州区大运河开发区运河明珠2号楼2单元2172

TSC 가볍게 뛰어넘기 3급 모의고사 2
ⓒ CARROT HOUSE

All rights reserved. No part of this publication may be reproduced,
stored in a retrieval system, or transmitted, in any form or by any means,
without the prior permission in writing of CARROT HOUSE.

First published July 2014

Author : Carrot Language Research & Development

ISBN : 978-89-6732-135-2

Printed and distributed in Korea
9th Fl., Daenam Building, 199, Nonhyeon-dong
Gangnam-gu, Seoul, South Korea 135-827

목차

TSC에 대해서	4
이 책의 구성	6
TSC 3급 진단지	8
Part 1 실전 모의고사	9
실전 모의고사 1	10
실전 모의고사 2	34
실전 모의고사 3	58
실전 모의고사 4	82
실전 모의고사 5	106
Part 2 실전 모의고사 답안	131

TSC에 대해서

1. TSC 소개

TSC(Test of Spoken Chinese)는 '중국어 말하기 시험'으로, 중국어 학습자의 말하기 능력을 직접적으로 평가하는 실용적인 시험이다. 일상 생활의 다양한 상황을 소재로 인터뷰 형식으로 구성되어 있다. 시험의 전반부는 쉬운 난이도로 시작되며, 후반부로 갈수록 난이도는 서서히 높아진다.

2. 구성 및 형식

7부분, 26문항, 시험시간 총50분

구분	구성		문항수	생각할 시간(초)	답변시간(초)
제1부분	自我介绍	간단한 자기소개하기	4	0	10
제2부분	看图回答	제시되는 그림에 맞도록 답하기	4	3	6
제3부분	快速回答	일상생활과 관련된 화제에 대해 대화 완성하기	5	2	15
제4부분	简短回答	일상적인 화제에 대해 간단하게 설명하기	5	15	25
제5부분	拓展回答	의견과 생각을 묻는 질문에 논리적으로 답하기	4	30	50
제6부분	情景应对	주어진 상황에 적절히 대응하여 답하기	3	30	40
제7부분	看图说话	4개의 연속된 그림을 보고 스토리 구성하기	1	30	90

3. 레벨 설명

등급		설명
최상급	10등급	고급 수준의 화제에 대해서도 논리적으로 유창하게 말할 수 있다. 풍부한 어휘력을 갖추고 있는 것은 물론 사자성어와 관용어를 구문 안에서 적절히 사용할 수 있고 대체적으로 어법에서도 실수가 없는 편이다. 발음과 억양 등이 자연스러우며 모국어의 영향이 아주 적다.
고급 上	9등급	대부분의 일반적인 화제에 적극적으로 대처하고 참여할 수 있으며 자세하게 설명할 수 있는 능력을 갖추고 있다. 고급 수준의 화제에 대해 자신의 의견을 논리적으로 전개할 수 있지만 이런 경우 어법이나 단어 사용에서 약간의 실수가 나타나기도 한다. 그러나 이해하는 데에는 전혀 영향을 주지 않는다. 관심 분야에 관해서는 폭넓은 어휘력을 갖추고 있으며 필요에 따라 문형과 표현 방법을 바꾸어 의사를 전달할 수도 있다. 모국어의 영향이 적고 유창하게 말할 수 있다.
고급 中	8등급	대부분의 일반적인 문제에 비교적 분명하고 명료하게 어느 정도의 설득력을 갖추고 자신의 의견을 표현해 낸다. 그러나 논리적으로 의견을 제시할 때에는 말하는 속도가 떨어지고 어법 상의 실수를 하기도 한다.
고급 下	7등급	일반적인 화제에 대해 적극적으로 자신감을 갖고 대응할 수 있다. 익숙하지 않은 화제나 분야에 대해서도 어느 정도 답변이 가능하지만 실수가 눈에 띄게 늘어나고 유창함이 떨어진다.
중급 上	6등급	일반적인 화제에 대해 적절히 대응할 수 있고 그 중 익숙한 내용에 대해서는 구체적으로 답할 수 있으며 내용도 충실한 편이다. 그러나 고급 수준의 어법 구조는 충분히 파악하지 못하고 있기 때문에 말을 머뭇거리고 중간에 멈춰버리기도 한다.
중급 中	5등급	자신의 관심분야 등과 같은 일반적인 화제에 대해 구체적으로 답변할 수 있고 기본적인 사회활동을 하는 데 큰 문제가 없다. 일반적인 화제 가운데서도 익숙한 화제나 경험에 대해서는 짧지만 구체적으로 설명할 수 있다. 기본적인 어법과 자신과 관련된 어휘들은 잘 알고 있지만 사용 상의 실수가 약간 보이고 여전히 중간에 머뭇거린다. 그러나 대체로 의미 전달에 영향을 미치지는 않는다. 모국어의 영향이 남아 있지만 익숙한 내용에 대해서는 적당한 속도로 말할 수 있다.
중급 下	4등급	자신과 관련된 화제와 말하기에 익숙한 내용에 대해 의사 소통이 가능하며 기초적인 사회활동에 필요한 대화를 할 수 있다. 자주 쓰는 단어와 기본적인 어법을 사용할 수 있지만 종종 실수를 하고 말하는 속도가 약간 느리다. 모국어의 영향이 여전히 강한 편이지만 외국인이 말하는 중국어에 익숙한 호의적인 중국인이라면 이해할 수 있다.
초급 上	3등급	자신과 관련된 화제 중에서도 자주 접하는 질문에 간단히 대답할 수 있고 제한된 일상적인 화제에 대해서 아주 간단한 단어와 기초적인 어법에 맞춰 구성한 간단한 문장으로 다른 사람과 대화할 수 있다. 발음과 성조가 부정확하고 어휘가 부족하며 모국어의 영향도 강하지만 외국인이 말하는 중국어에 익숙한 중국인이라면 이해가 가능하다.
초급 中	2등급	자신과 밀접하게 관련된 화제 중에서도 자주 접하는 질문에 대해서는 간단하게 대답할 수 있다. 학습한 단어와 구를 이용하여 제한적이고 기초적인 의사소통이 가능하다. 아주 간단한 문장을 만들어 내기도 하지만 이 수준을 꾸준히 유지하지 못하며 어법 지식과 어휘도 상당히 부족하다. 모국어의 영향도 강하게 남아 있어 중국어를 모국어로 하는 사람도 이해하기가 힘들다.
초급 下	1등급	이름, 나이 등 자신과 밀접하게 관련된 질문과 간단한 인사말만 겨우 말할 수 있으며, 암기한 단어와 짧은 구 등 극히 한정된 표현으로만 아주 간단하게 대답할 수 있는 정도의 수준이다. 말하는 속도가 매우 느리고 중간에 말을 자주 멈추며 내용도 불완전하다. 모국어의 영향이 상당히 강하게 남아 있어 외국인과의 대화에 익숙한 중국인도 이해하기가 어렵다.

4. TSC 공략 방법

1) 답변 공략 방법

* **큰 소리로 대답하기**
  소리가 작아 알아듣기 힘들면 정확한 레벨 판단이 불가능한 경우가 있다. 목소리가 작으면 발음이 불분명하기 때문에, 올바른 평가를 받기가 어렵다. 따라서, 평소에 스스로 녹음 방식으로 연습함으로써 자신의 발음과 문법적인 실수를 고치도록 한다.

* **질문 의도 잘 이해하기**
  질문의 의도와 다른 대답을 하면, 아무리 많은 양의 발화를 하더라도 좋은 점수를 받을 수 없다. 짧은 문장이라도 질문의 핵심에 맞는 대답을 하도록 해야 한다.

* **주어진 시간 최대한 활용하기**
  주어진 시간을 최대한 활용하되, 답변시간 내에 의견을 모두 발화할 수 있도록 시간 배분을 잘 한다. 본 교재 활용 시, 준비시간 및 답변시간을 지켜 시간을 배분하는 연습을 하도록 한다.

2) 부분별 공략 방법

1부분 답변시간 10초	이름, 생년월일, 가족, 학교(직장)에 대해 정확하게 답변하는 것이 중요하다.
2부분 답변시간 6초	질문을 사용하여 대답하는 것이 가장 안전하다. 예) 问题: 他们在做什么? / 回答: 他们在唱歌。 2부분은 답변시간이 짧다. 따라서, 질문 내용과 무관한 말을 많이 하여 대답할 시간이 부족해지지 않도록 주의해야 한다. 2부분에서는 많이 말하는 것보다 실수가 없도록 정확하게 말하는 것이 중요하다.
3부분 답변시간 15초	그림을 보고 그림의 내용을 설명하는 것이 아니라 질문을 듣고 질문에 맞게 정확하게 답변을 하는 형식으로, 제3자의 입장이 아닌 자신의 입장에서 말을 해야 한다. 또한 자신이 질문의 의도를 이해했다는 것을 듣는 사람이 알 수 있도록 분명하게 답변해야 한다. 예) 问题: 下星期我要去国外旅行。 　　回答1: 是吗。　　　　　　　　　　　☞ 답변1의 경우, 답변이 너무 간단하여 질문을 이해한 것인지 판단하기 어렵다. 　　回答2: 祝你一路顺风。你要去那个国家?　☞ 답변2를 보면 질문을 이해하고 대답한 것임을 알 수 있다.
4부분 답변시간 25초	고득점을 위해서는 첫째, 질문을 잘 듣고 질문에 맞는 대답을 해야 한다. 동문서답을 했을 경우 아무리 답변을 잘하더라도 좋은 점수를 받을 수 없다. 둘째, 본인의 생각을 묻는 질문들이 많으므로 주어진 시간을 최대한 이용하여 가능한 한 충분히 설명해야 하며, 완전한 문장으로 말해야 한다. 셋째, 누가 들어도 어떤 내용을 말하고 있는지 이해할 수 있도록 설명해야 한다. 평소에 발음, 성조, 문법, 시제 등을 주의하며 말하기 연습을 한다면 점차 말하기 실력이 좋아질 것이다. 문장 간의 연관성도 매우 중요하다. 많은 학생들이 접속사를 사용하지 않은 채 여러 개의 문장을 단순히 나열하는 식으로 답변을 하는 경우가 있는데, 이런 경우는 어구가 서로 연관되지 않고 전체적인 답변의 구성이 완전하지 못한 느낌을 주게 된다.
5부분 답변시간 50초	5부분은 주어진 시간 안에 자신의 생각을 논리적으로 전달해야 한다. 따라서 듣는 사람이 답변의 내용을 이해할 수 있도록 조리 있게 말하는 것이 매우 중요하다. 매 문항마다 답변을 생각하는 시간은 30초, 답변시간은 50초로 한정되어 있기 때문에 시간을 잘 활용하기 위해서는 먼저 자신의 의견을 말한 뒤 그 의견을 뒷받침하는 부연설명을 하고, 마지막으로 다시 한번 자신의 생각을 짧게 정리해서 강조하는 것이 좋다. 발화 시 기본적인 문법을 정확히 사용하는 것 이외에 적절한 관용어나 성어 등 난이도가 있는 어휘나 구문을 사용하면 보다 높은 등급을 받을 수 있다.
6부분 답변시간 40초	6부분에서 중요하게 평가하는 점은 두 가지이다. 첫 번째는 자신이 어떠한 상황에 처해졌다고 가정을 하고 그 상황에 맞게, 상대방과 대화를 하듯이 답변을 하는 것이다. 두 번째는 문제가 요구하는 과제를 모두, 정확하게 달성했는가 하는 것이다. "차가 자주 고장이 나는 것에 대해 항의하고 문제를 해결해 보세요"라는 과제에 대해 항의뿐만 아니라 문제 해결책까지 말해야 비로소 완전한 답변이라고 할 수 있다.
7부분 답변시간 90초	포기하지 말고 주어진 시간을 잘 활애하여 각각의 그림을 하나의 완전한 이야기로 구성하여 말하도록 한다. 그림의 내용을 모르는 제3자가 들어도 그 상황을 이해할 수 있도록 설명할 수 있어야 하며, 설명을 할 때는 제3자의 입장에서 설명하도록 한다.

★ 3) 중국어 입문·초급자의 TSC 3급 공략 방법

아는 만큼 정확하고 자신있게!

* **TSC 전체 부분 중, 2부분~4부분 집중 패턴 연습하기**
  * 2부분: 시간, 날씨, 날짜 및 양사 등에 대해 이해하고 응용 가능하도록 한다.
  * 3부분: 생활 전반에 걸친 인사, 쇼핑, 축하, 거절 등의 표현을 익힌다.
  * 4부분: 질문의 의도에 맞는 답변으로 3~4문장으로 구성한다.
* **자주 출제되는 기본 단어의 발음 및 성조를 정확하게 익힌다.**
* **패턴 연습을 통해 어휘량을 늘리고, 응용이 가능하도록 한다. (*TSC 3급: 약 600 단어)**
* **본교재 매 레슨의 TSC 핵심 어법을 통해 중국어의 기본 문법 및 어순을 정확하게 이해한다.**

이 책의 구성

1 TSC 3급 진단지

시험을 보기에 앞서 자신의 실력을 진단할 수 있는 TSC 3급 진단지이다. (TSC 3급 획득 안전 점수: 50점 / 100점)
평가 영역과 기준은 다음과 같다.

평가영역	평가 방법	평가 기준
词语	단어 읽기	5점(10점): 발음이 정확함. 문제를 모두 정확하게 이해하며 어법에 틀림없이 대답 가능
口语	질문에 대답하기	4점(8점): 발음이 비교적 정확함. 질문에 정확하지는 않지만 간단한 문장으로 대답 가능
		3점(6점): 발음이 부정확함. 짧은 문장으로 대답 가능
		2점(4점): 대부분의 발음에 오류가 있음. 3~4개 단어로 대답 가능
语法	질문에 본인의 상황에 맞게 대답하기	1점(2점): 질문을 정확하게 이해하지 못하며, 발음이 부정확함. 1~2개 단어로 대답 가능
阅读	문장을 읽고 임의로 선택된 문장 해석하기	0점: 질문에 전혀 대답하지 못함
		*语法: 10점 만점 기준

2 TSC 3급 실전 모의고사 5세트

130제의 풍부한 실전연습문제로 실제 시험 적응력을 높일 수 있도록 구성되었다. TSC는 매년 새로운 형태의 문제가 제시되기는 하지만, 기출문제가 반복적으로 출제되고 있다. 이를 주제별로 분석하여 시간, 날짜, 계절, 날씨, 습관, 취미, 운동, 음악, 여행, 쇼핑, 가정, 친구, 학교, 은행, 설득, 부탁, 불평제기 및 해결책 요구, 감동, 황당 등의 자주 출제되는 에피소드로 문항을 구성하였다.

* **TSC 第一部分 自我介绍**

    출제 범위: 이름, 생년월일, 가족 수, 소속 기관

    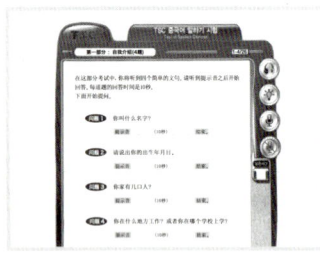

* **TSC 第二部分 看图回答**

    출제 범위: 날짜, 요일, 계절, 날씨, 시간, 가격, 나이, 번호, 무게, 길이, 위치, 존재, 장소 등

* **TSC 第三部分 快速回答**

    출제 범위: 동작, 감정, 축하, 감사 사과, 만남, 헤어짐, 안부, 상태 등

* **TSC 第四部分 简短回答**

    출제 범위: 성격, 취미, 운동, 습관, 영화, 음악, 쇼핑, 회사, 출장, 친구, 학습 등

* **TSC 第五部分 拓展回答**

    출제 범위: 전화, 컴퓨터, 은행, 사회문제, 회사생활, 정치, 경제 등

* **TSC 第六部分 情景应对**

    출제 범위: 약속, 서비스, 주문취소, 부탁, 격려, 설득, 상의, 사과, 축하 등

* TSC 第七部分 看图说话

출제 범위: 감동, 황당, 반전, 놀람, 항의 등

3 TSC 3급 실전 모의고사 해답

예시답안

중국어 학습 입문자의 수준에 맞춘 예시답안으로, 충분히 독학이 가능하도록 구성하였다. 모든 예시답안은 각 TSC 부분별 답변 공식과 스킬이 반영이 되어 있다. 또한, 병음과 성조를 표기하여 중국어 입문 학습자들의 정확성을 높일 수 있도록 하였다.

단어

안정적인 3급 정착 및 4급으로의 도전을 위해서 꼭 외워 두어야 할 TSC 핵심 어휘를 정리하였다.
자주 출제되는 에피소드와 관련된 핵심 어휘이므로, 반드시 외우고 실전에서 응용이 가능하도록 자신만의 모범답안을 만들어 보도록 하자.

Tip

같은 말이라도 사자성어나 속담 등을 활용하면 조금 더 높은 점수를 획득할 수 있다.
실제 중국 사람들이 사용하는 다양한 표현 팁을 수록하여 TSC 시험 준비를 물론, 중국어 실력을 향상하는데 도움이 되도록 구성하였다.

TSC 3급 진단지

날짜:		이름:		
영역	문항		점수	비고
词语	① 手机(shǒujī)		5	
	② 女儿(nǚ'ér)		5	
	③ 水果(shuǐguǒ)		5	
	④ 喝茶(hēchá)		5	
口语	① 你的生日是几月几号？		5	
	② 你的电话号码是多少？		5	
	③ 平时你几点起床？		5	
	④ 你的爱好是什么？		5	
语法	① 他家有几口人？		10	
	② 现在几点？		10	
	③ 她买了几本书？		10	
	④ 香蕉比草莓贵多少？		10	
阅读	① wǒ jué de zài Zhōng guó guò chūn jié hěn yǒu yì si. 我觉得在中国过春节很有意思。		5	
	② liǎng nián qián, wǒ hé wǒ de péng you yì qǐ qù Zhōng guó lǚ yóu. 两年前，我和我的朋友一起去中国旅游。		5	
	③ tīng tiān qì yù bào shuō míng tiān xià yǔ. 听天气预报说明天下雨。		5	
	④ nǐ xiǎng chī Zhōng guó cài de huà, jīn wǎn gēn wǒ yì qǐ qù ba. 你想吃中国菜的话，今晚跟我一起去吧。		5	
	총점			

Part 1
실전 모의고사

아는 만큼 정확하고 자신있게!

실전 모의고사 1

TSC 중국어 말하기 시험
Test of Spoken Chinese

第一部分：自我介绍(4题)　　　　　1-4/26

在这部分考试中，你将听到四个简单的文句。请听到提示音之后开始回答。每道题的回答时间是10秒。
下面开始提问。

问题 1　你叫什么名字？

提示音　　(10秒)　　结束。

问题 2　请说出你的出生年月日。

提示音　　(10秒)　　结束。

问题 3　你家有几口人？

提示音　　(10秒)　　结束。

问题 4　你在什么地方工作？或者你在哪个学校上学？

提示音　　(10秒)　　结束。

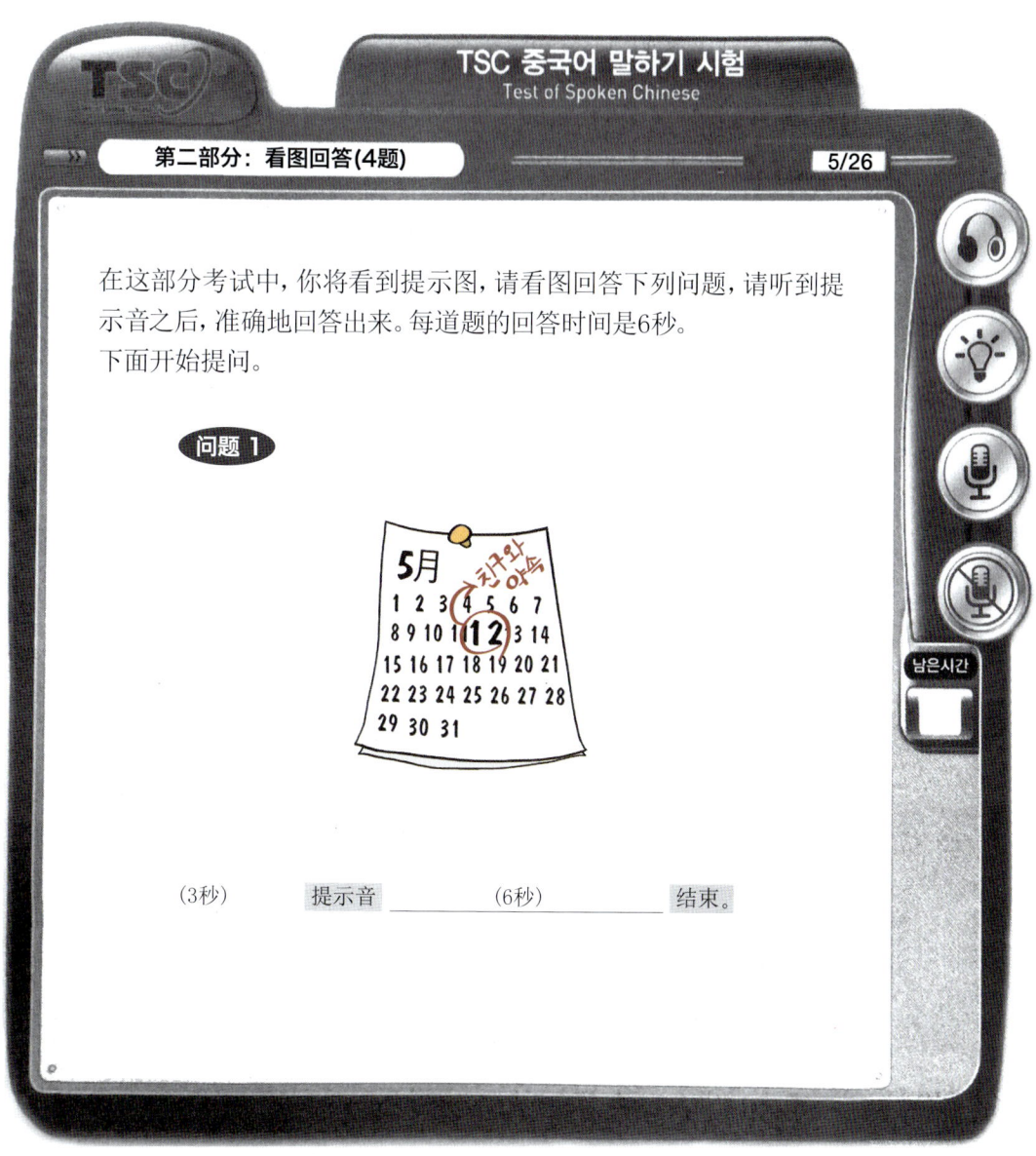

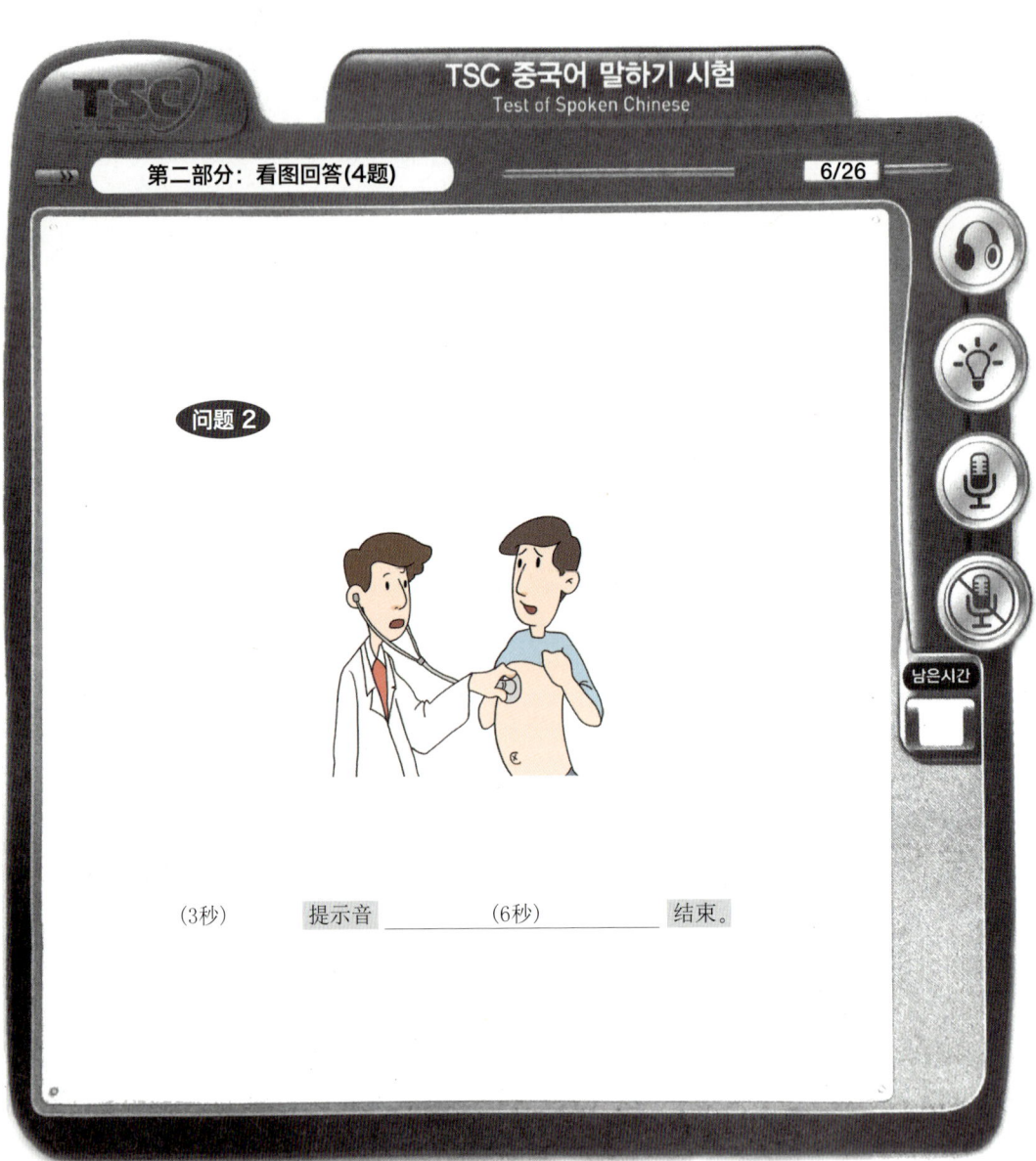

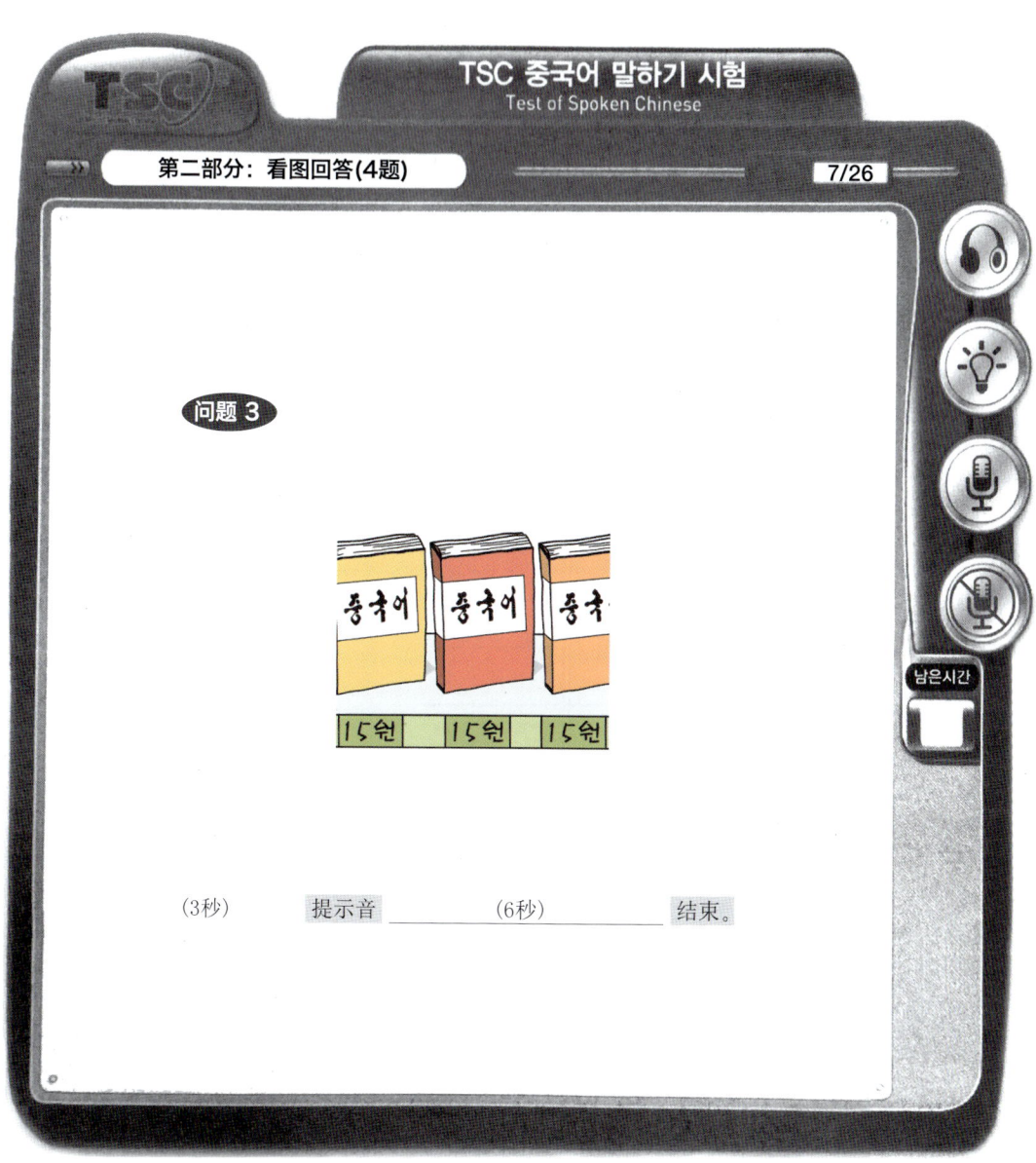

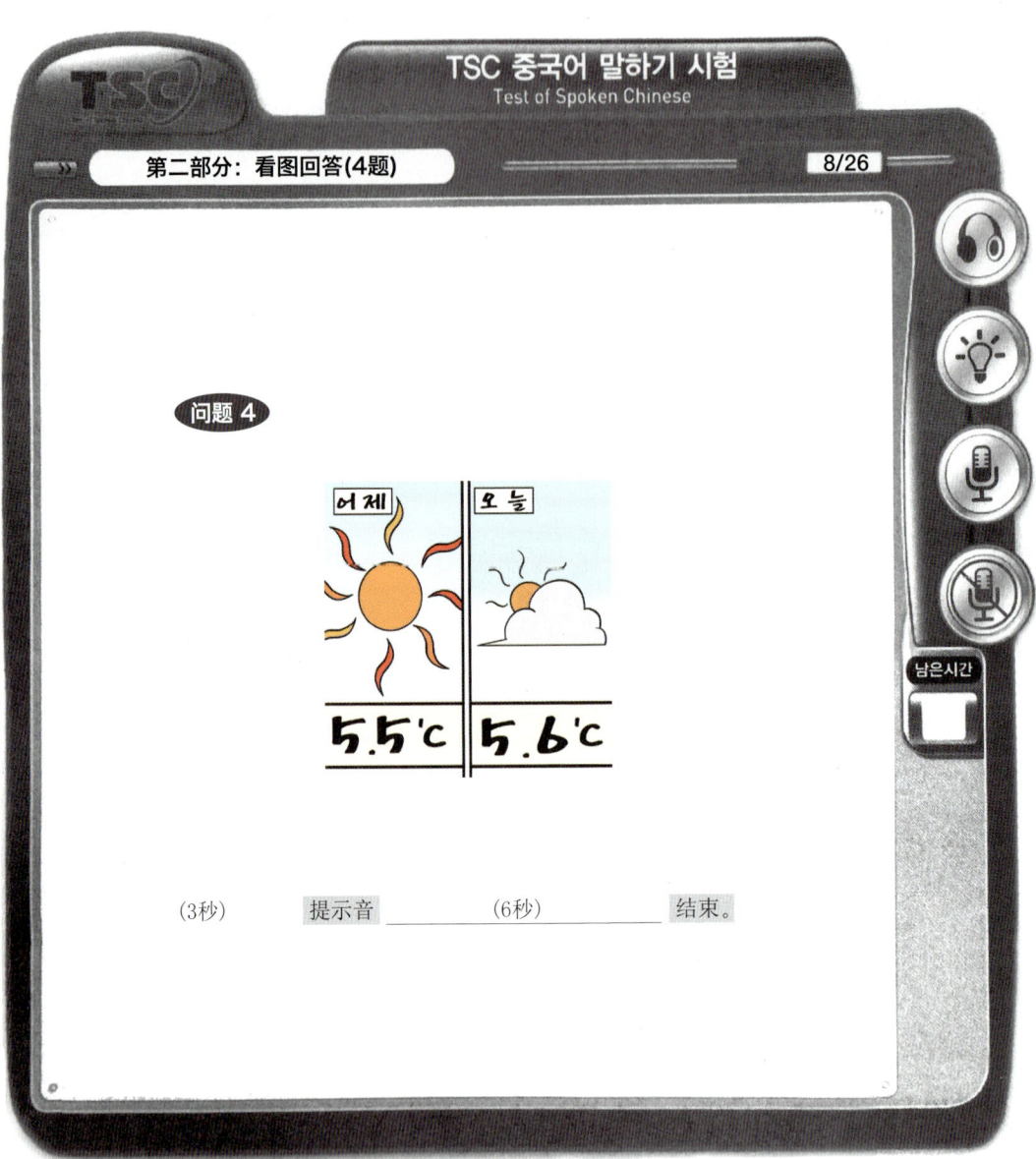

第三部分：快速回答(5题)

在这部分考试中，你需要完成五段简单的对话。这些对话出自不同的日常生活情景，在每段对话前，你将看到提示图。请尽量用完整的句子来回答，句子的长短和用词将影响你的分数。请听例句。

问题： 老张在吗?
回答1： 不在。
回答2： 他现在不在, 你有什么事儿吗? 要给他留言吗?

两种回答都可以，但第二种回答更完整更详细，你将得到较高的分数。请听到提示音之后开始回答问题。每道题的回答时间是15秒。下面开始提问。

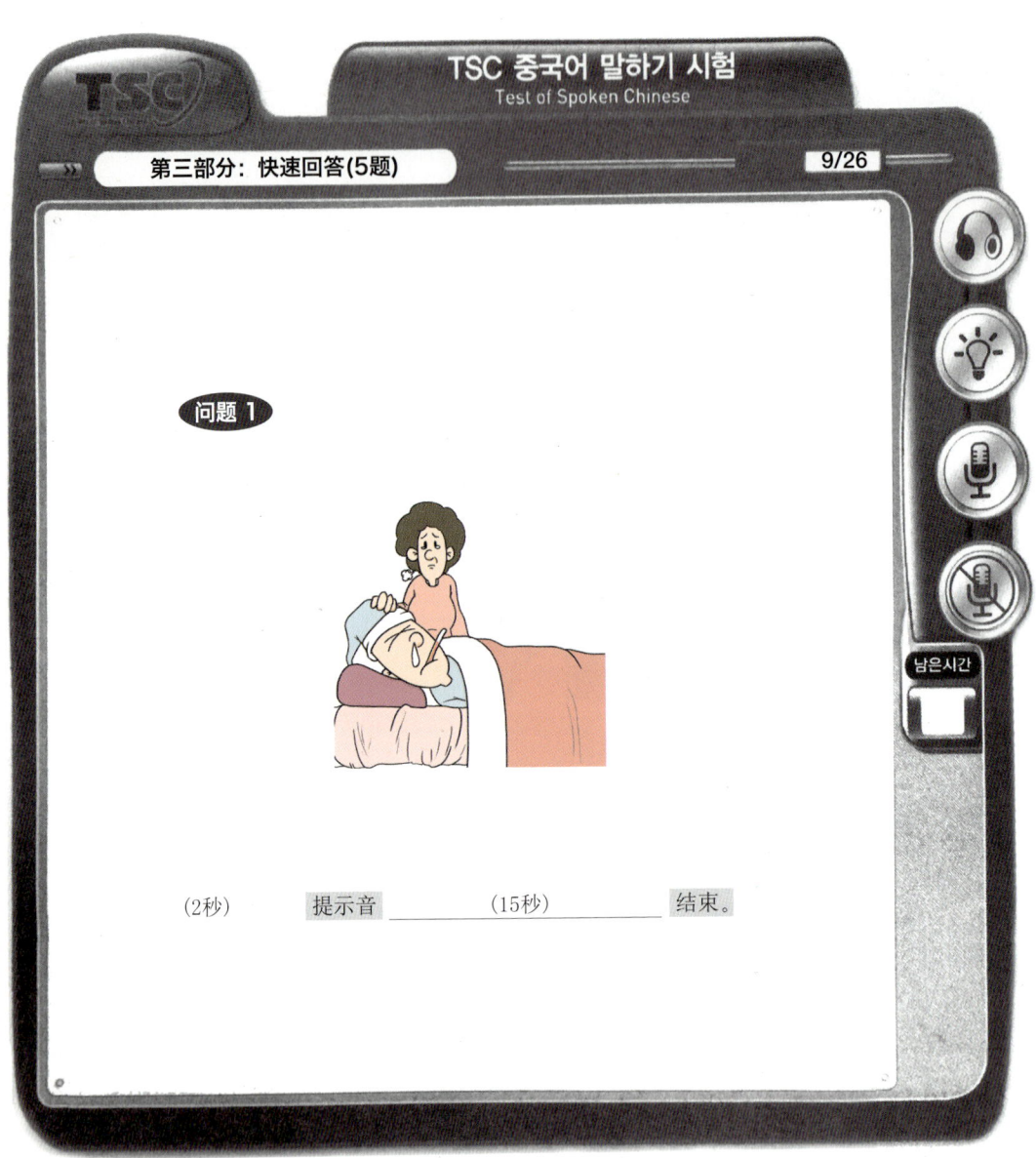

第四部分：简短回答(5题)

在这部分考试中，你将听到五个问题。请尽量用完整的句子来回答，句子的长短和用词将影响你的分数。请听例句。

问题： 会餐时一般吃什么?
回答1： 一般吃五花肉。
回答2： 我喜欢去烤肉店吃五花肉。因为五花肉又便宜又好吃。
一边吃五花肉，一边喝酒。
不仅可以放松一下，而且也可以解除压力。

两种回答都可以，但第二种回答更完整更详细，你将得到较高的分数。请听到提示音之后开始回答问题。每道题请你用15秒思考，回答时间是25秒。
下面开始提问。

问题 1 你的性格怎么样?

(15秒)　　提示音　　　(25秒)　　　结束。

第五部分：拓展回答(4题)   19/26

在这部分考试中，你将听到五个问题，请发表你的观点和看法。请尽量用完整的句子回答，句子的长短和用词将影响你的分数。请听例句。

问题： 你喜欢喝茶还是喝咖啡？
回答1： 我喜欢喝咖啡。
回答2： 我喜欢喝咖啡。我特别喜欢跟朋友见面的时候一起去喝咖啡。一边喝咖啡，一边和朋友聊天，很有意思。

两种回答都可以，但第二种回答更完整更详细，你将得到较高的分数。请听到提示音之后开始回答问题。每道题请你用30秒思考，回答时间是50秒。
下面开始提问。

问题 1 目前大学毕业生失业率高的原因是什么？

(30秒)   提示音   (50秒)   结束。

第六部分：情景应对(3题)

在这部分考试中，你将看到提示图，同时还将听到中文的情景叙述。假设你处于这种情况之下，你将如何应对。请尽量用完整的句子来回答，句子的长短和用词将影响你的分数。请听到提示音之后开始回答问题。每道题请你用30秒思考，回答时间是40秒。下面开始提问。

你的一个朋友为送中国人礼物而很郁闷。
你帮她朋友出一个主意吧。

(30秒)　　提示音　　　　(40秒)　　　　结束。

你要去机场坐飞机。现在离起飞时间还有一个半小时，可是路上堵车。请你告诉司机快点儿走。

第六部分：情景应对(3题) 25/26

问题 3

你的一个朋友失恋了，他现在非常难过。
请你安慰安慰他吧。

(30秒)　提示音　(40秒)　结束。

실전 모의고사 2

TSC 중국어 말하기 시험
Test of Spoken Chinese

第一部分：自我介绍(4题)　　　　　　　1-4/26

在这部分考试中，你将听到四个简单的文句。请听到提示音之后开始回答。每道题的回答时间是10秒。
下面开始提问。

问题 1　你叫什么名字?

提示音 _____(10秒)_____ 结束。

问题 2　请说出你的出生年月日。

提示音 _____(10秒)_____ 结束。

问题 3　你家有几口人?

提示音 _____(10秒)_____ 结束。

问题 4　你在什么地方工作? 或者你在哪个学校上学?

提示音 _____(10秒)_____ 结束。

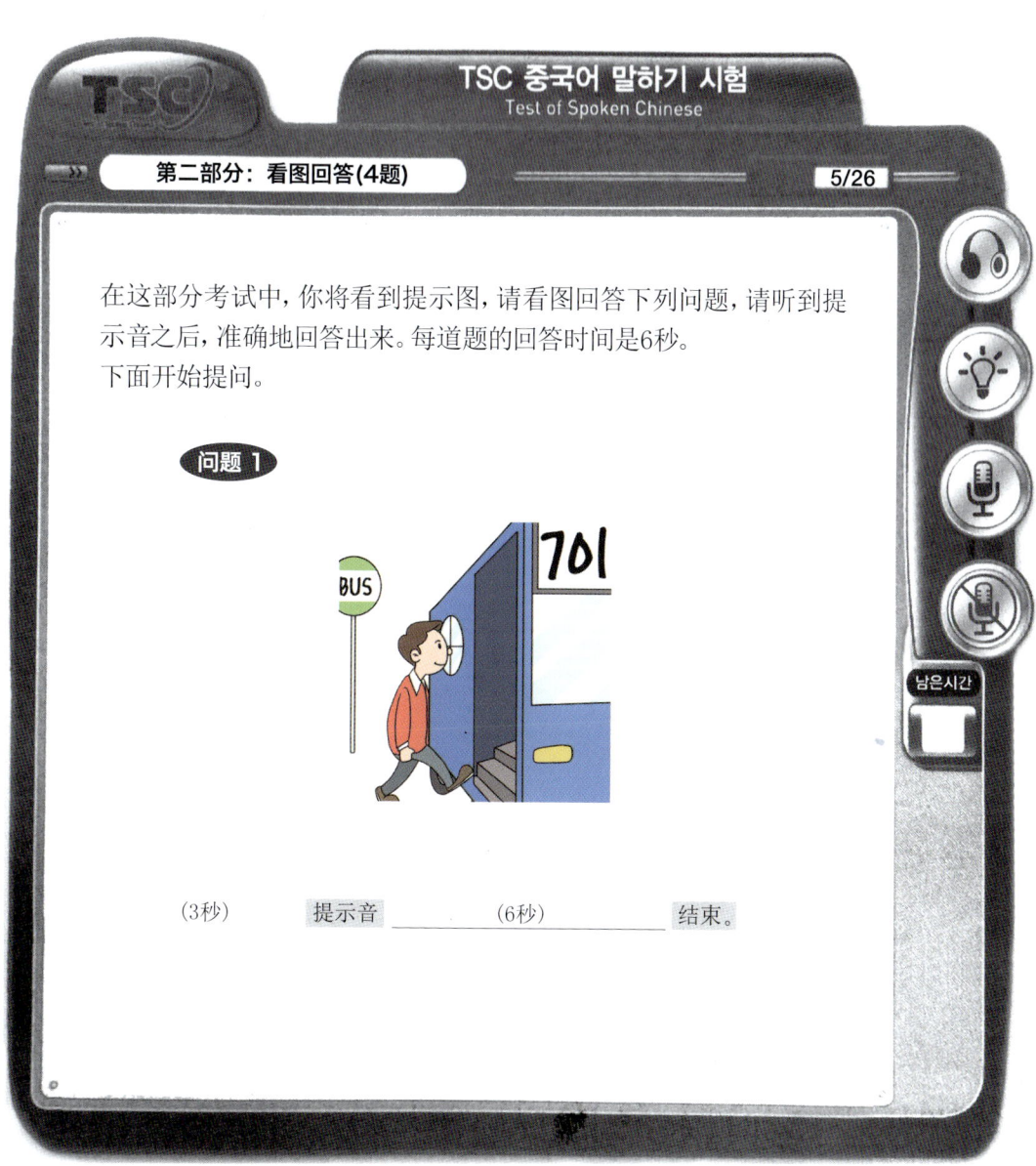

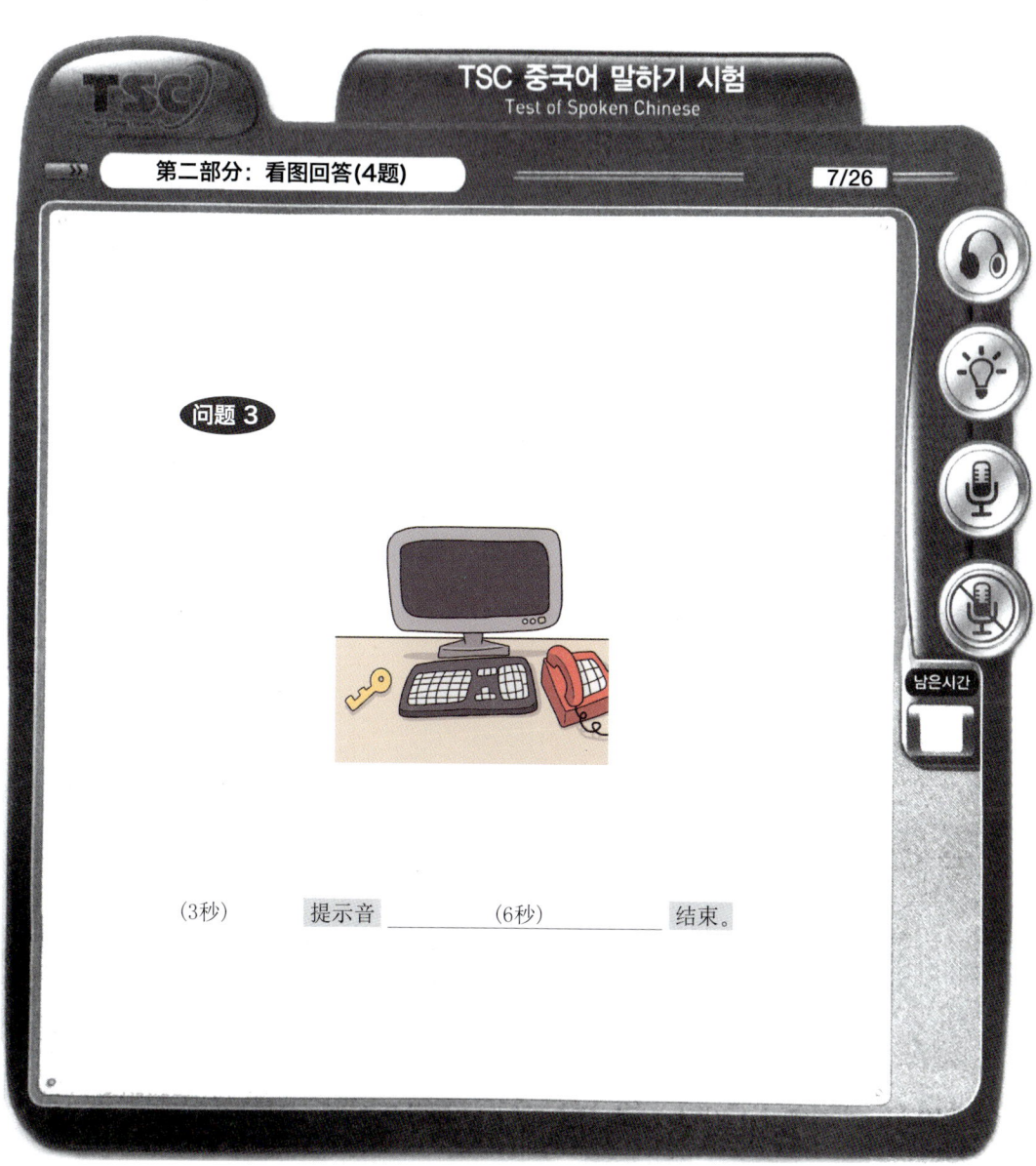

第三部分: 快速回答(5题)

在这部分考试中，你需要完成五段简单的对话。这些对话出自不同的日常生活情景，在每段对话前，你将看到提示图。请尽量用完整的句子来回答，句子的长短和用词将影响你的分数。请听例句。

问题: 老张在吗?
回答1: 不在。
回答2: 他现在不在, 你有什么事儿吗? 要给他留言吗?

两种回答都可以，但第二种回答更完整更详细，你将得到较高的分数。请听到提示音之后开始回答问题。每道题的回答时间是15秒。
下面开始提问。

第四部分：简短回答(5题)

在这部分考试中，你将听到五个问题。请尽量用完整的句子来回答，句子的长短和用词将影响你的分数。请听例句。

问题： 会餐时一般吃什么?
回答1： 一般吃五花肉。
回答2： 我喜欢去烤肉店吃五花肉。因为五花肉又便宜又好吃。
一边吃五花肉，一边喝酒。
不仅可以放松一下，而且也可以解除压力。

两种回答都可以，但第二种回答更完整更详细，你将得到较高的分数。请听到提示音之后开始回答问题。每道题请你用15秒思考，回答时间是25秒。
下面开始提问。

问题 1 买衣服的时候最看重的是什么?

(15秒) 提示音 _____ (25秒) 结束。

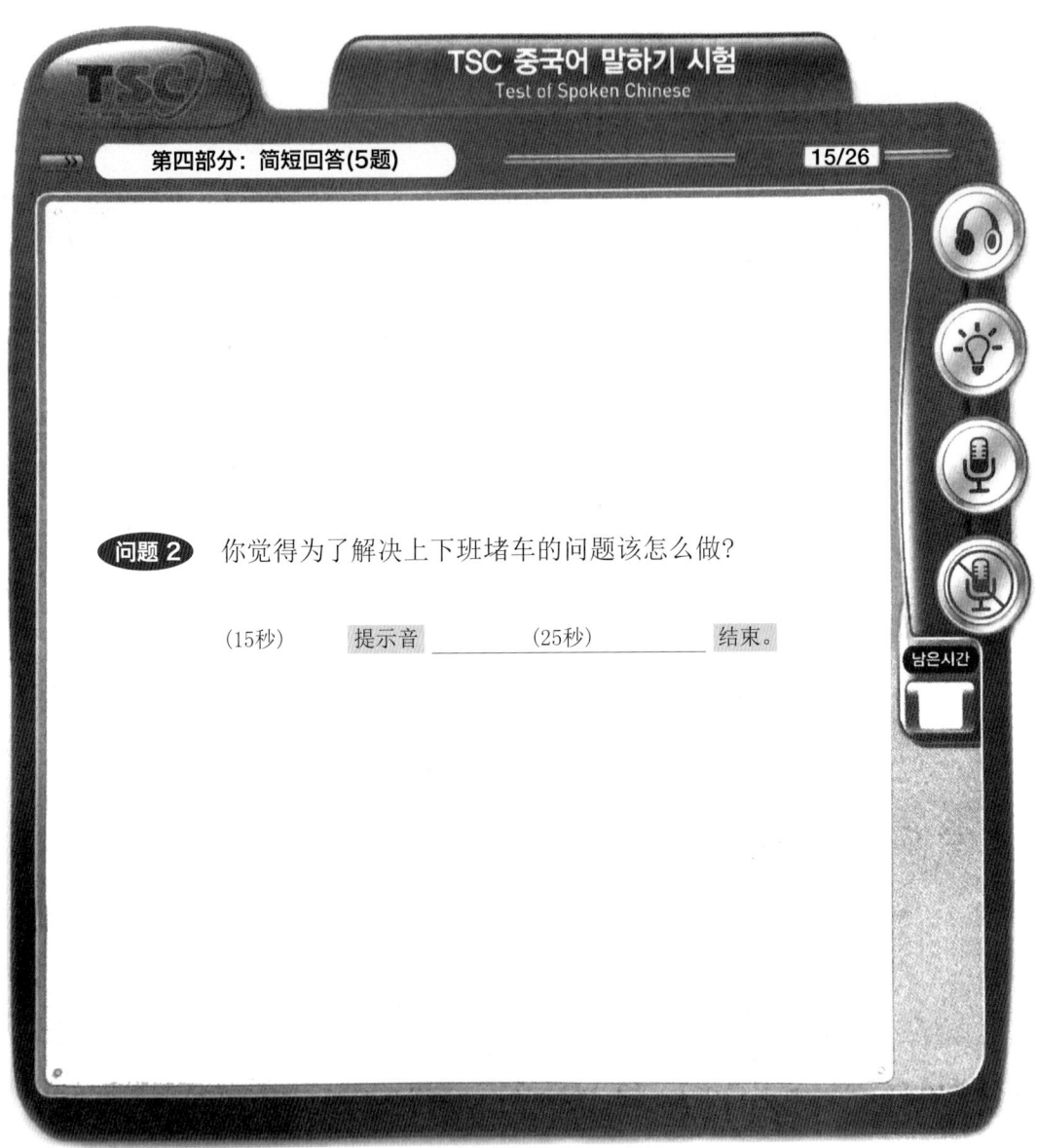

第五部分：拓展回答(4题)   19/26

在这部分考试中，你将听到五个问题，请发表你的观点和看法。请尽量用完整的句子回答，句子的长短和用词将影响你的分数。请听例句。

问题： 你喜欢喝茶还是喝咖啡？
回答1： 我喜欢喝咖啡。
回答2： 我喜欢喝咖啡。我特别喜欢跟朋友见面的时候一起去喝咖啡。一边喝咖啡，一边和朋友聊天，很有意思。

两种回答都可以，但第二种回答更完整更详细，你将得到较高的分数。请听到提示音之后开始回答问题。每道题请你用30秒思考，回答时间是50秒。
下面开始提问。

问题 1 你对整容手术有什么看法？

(30秒)   提示音   (50秒)   结束。

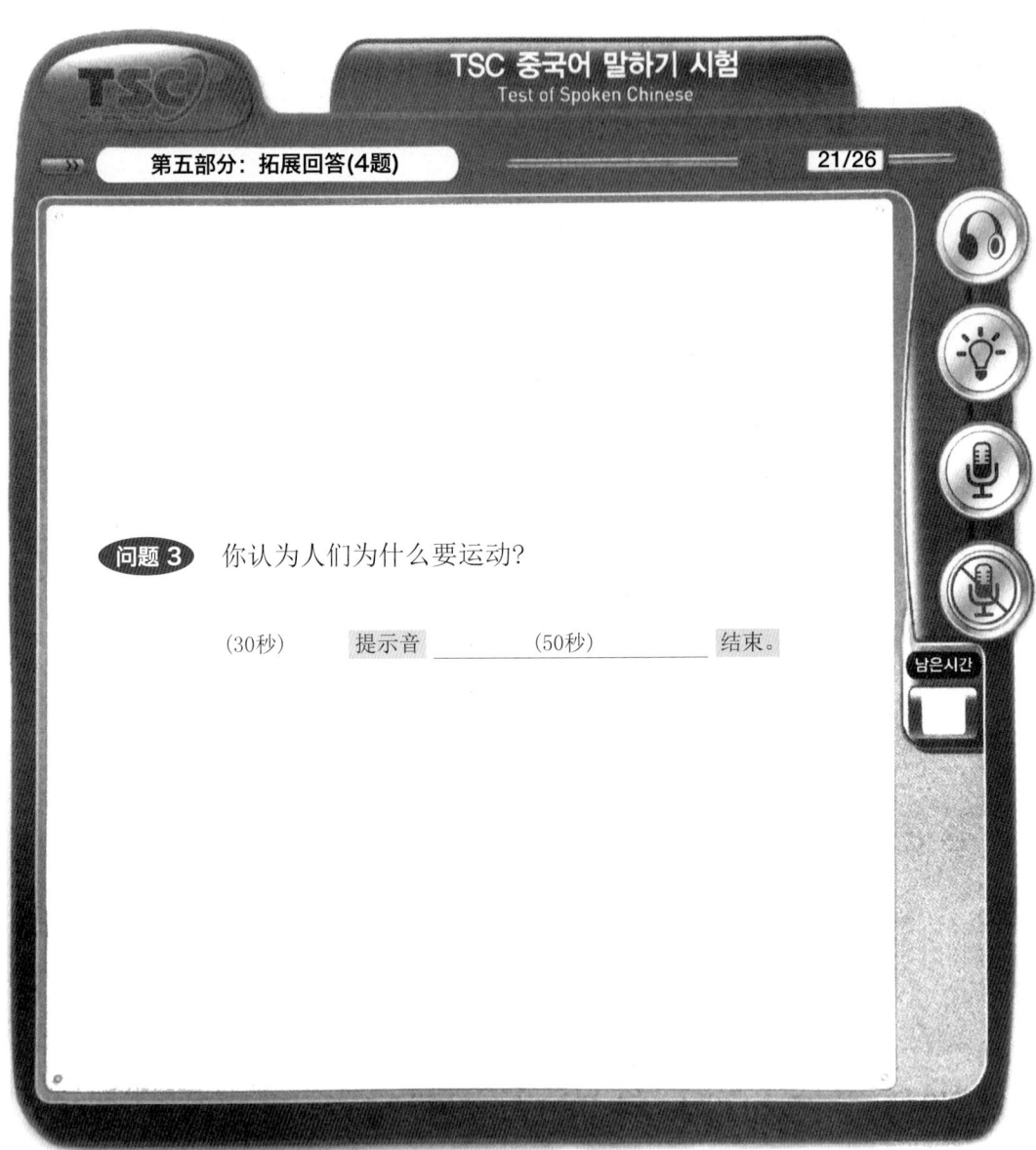

第六部分: 情景应对(3题)   23/26

在这部分考试中，你将看到提示图，同时还将听到中文的情景叙述。假设你处于这种情况之下，你将如何应对。请尽量用完整的句子来回答，句子的长短和用词将影响你的分数。请听到提示音之后开始回答问题。每道题请你用30秒思考，回答时间是40秒。下面开始提问。

问题 1

你要转学到别的学校了。请你跟老师和同学们告别一下。

(30秒)　　提示音　　　　(40秒)　　　　结束。

第六部分：情景应对(3题)

问题 2

在饭店点菜的时候你跟服务员说别放香菜。
不过上了菜后发现所有的菜里都有香菜。
请你告诉服务员情况并解决问题。

(30秒)　　提示音　　(40秒)　　结束。

第七部分：看图说话(1题)　　　　　　　　　　　26/26

在这部分考试中，你将看到四幅连续的图片。请你根据图片的内容讲述一个完整的故事。请认真看下列四幅图片。(30秒)

现在请根据图片的内容讲述故事，请尽量完整，详细。讲述时间是90秒。请听到提示音之后开始回答。

问题　　(30秒)　　提示音_____(90秒)_____结束。

실전 모의고사 3

TSC 중국어 말하기 시험
Test of Spoken Chinese

第一部分：自我介绍(4题)   1-4/26

在这部分考试中，你将听到四个简单的文句。请听到提示音之后开始回答。每道题的回答时间是10秒。
下面开始提问。

问题 1   你叫什么名字？

提示音　　　(10秒)　　　结束。

问题 2   请说出你的出生年月日。

提示音　　　(10秒)　　　结束。

问题 3   你家有几口人？

提示音　　　(10秒)　　　结束。

问题 4   你在什么地方工作？或者你在哪个学校上学？

提示音　　　(10秒)　　　结束。

第三部分: 快速回答(5题)

在这部分考试中,你需要完成五段简单的对话。这些对话出自不同的日常生活情景,在每段对话前,你将看到提示图。请尽量用完整的句子来回答,句子的长短和用词将影响你的分数。请听例句。

问题: 老张在吗?
回答1: 不在。
回答2: 他现在不在,你有什么事儿吗?要给他留言吗?

两种回答都可以,但第二种回答更完整更详细,你将得到较高的分数。请听到提示音之后开始回答问题。每道题的回答时间是15秒。
下面开始提问。

第四部分:简短回答(5题)　　　　　　　　　　14/26

在这部分考试中,你将听到五个问题。请尽量用完整的句子来回答,句子的长短和用词将影响你的分数。请听例句。

问题:　会餐时一般吃什么?
回答1:　一般吃五花肉。
回答2:　我喜欢去烤肉店吃五花肉。因为五花肉又便宜又好吃。
　　　　一边吃五花肉,一边喝酒。
　　　　不仅可以放松一下,而且也可以解除压力。

两种回答都可以,但第二种回答更完整更详细,你将得到较高的分数。请听到提示音之后开始回答问题。每道题请你用15秒思考,回答时间是25秒。
下面开始提问。

 你平时喜欢喝饮料吗?为什么?

(15秒)　　提示音　　　(25秒)　　　　结束。

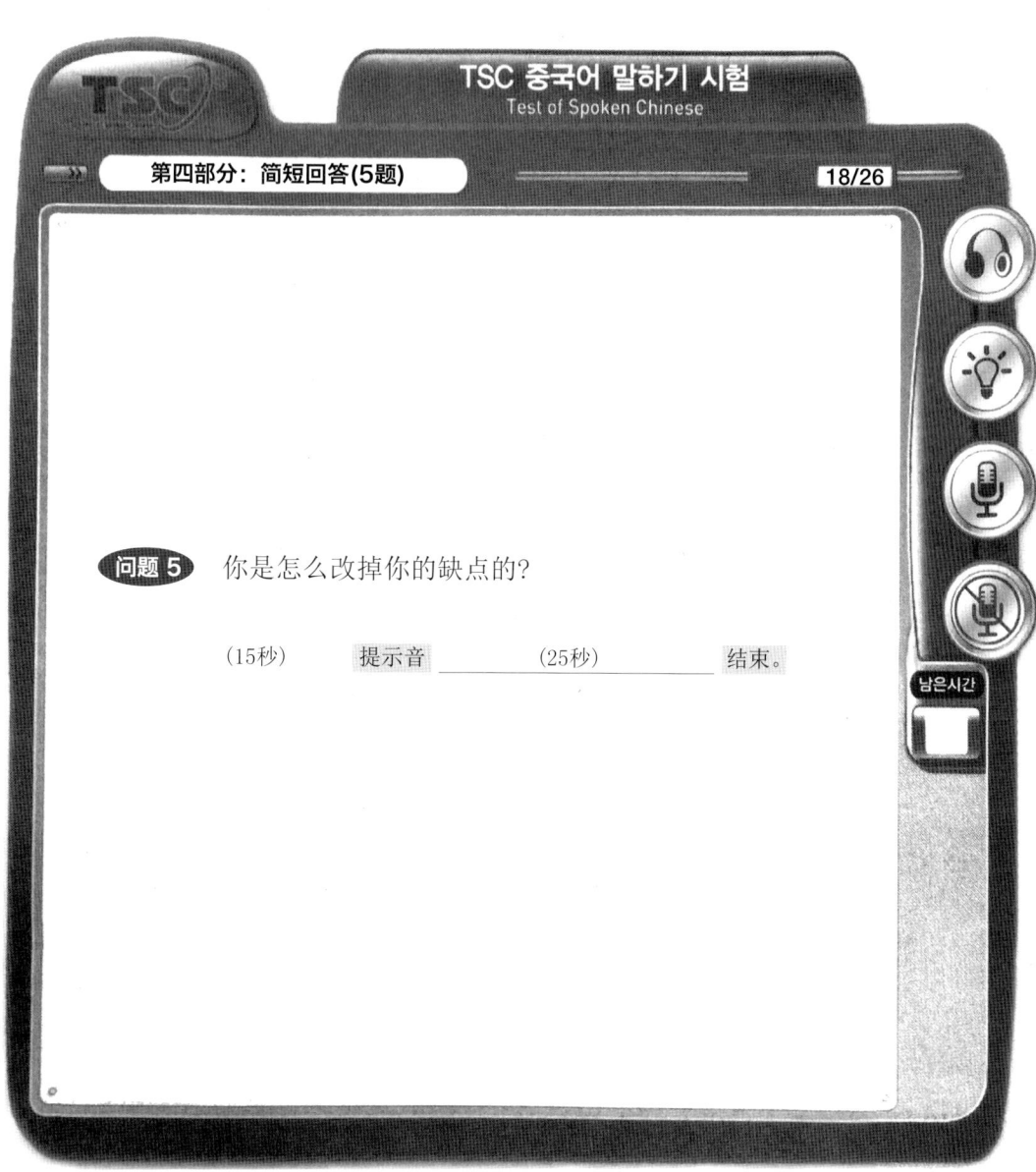

第五部分：拓展回答(4题)　　　　　　　　　　　　　　19/26

在这部分考试中，你将听到五个问题，请发表你的观点和看法。请尽量用完整的句子回答，句子的长短和用词将影响你的分数。请听例句。

问题：　你喜欢喝茶还是喝咖啡？
回答1：我喜欢喝咖啡。
回答2：我喜欢喝咖啡。我特别喜欢跟朋友见面的时候一起
　　　　去喝咖啡。一边喝咖啡，一边和朋友聊天，很有意思。

两种回答都可以，但第二种回答更完整更详细，你将得到较高的分数。请听到提示音之后开始回答问题。每道题请你用30秒思考，回答时间是50秒。
下面开始提问。

问题 1　请你谈谈使用一次性购物袋的利与弊。

(30秒)　　提示音　　　(50秒)　　　结束。

第六部分：情景应对(3题)　　　　　　　　　23/26

在这部分考试中，你将看到提示图，同时还将听到中文的情景叙述。假设你处于这种情况之下，你将如何应对。请尽量用完整的句子来回答，句子的长短和用词将影响你的分数。请听到提示音之后开始回答问题。每道题请你用30秒思考，回答时间是40秒。下面开始提问。

问题 1

在公园里一个男生随手把烟头扔在地上。
你在清洁工的立场上劝劝他吧。

(30秒)　　提示音　　　　(40秒)　　　　结束。

第七部分：看图说话(1题)

在这部分考试中，你将看到四幅连续的图片。请你根据图片的内容讲述一个完整的故事。请认真看下列四幅图片。(30秒)

现在请根据图片的内容讲述故事，请尽量完整，详细。讲述时间是90秒。请听到提示音之后开始回答。

问题　　(30秒)　　提示音　　　　(90秒)　　　　结束。

실전 모의고사 4

TSC 중국어 말하기 시험
Test of Spoken Chinese

第一部分：自我介绍(4题)　　　　　　　　1-4/26

在这部分考试中，你将听到四个简单的文句。请听到提示音之后开始回答。每道题的回答时间是10秒。
下面开始提问。

问题 1　你叫什么名字？

　　提示音 _____(10秒)_____ 结束。

问题 2　请说出你的出生年月日。

　　提示音 _____(10秒)_____ 结束。

问题 3　你家有几口人？

　　提示音 _____(10秒)_____ 结束。

问题 4　你在什么地方工作？或者你在哪个学校上学？

　　提示音 _____(10秒)_____ 结束。

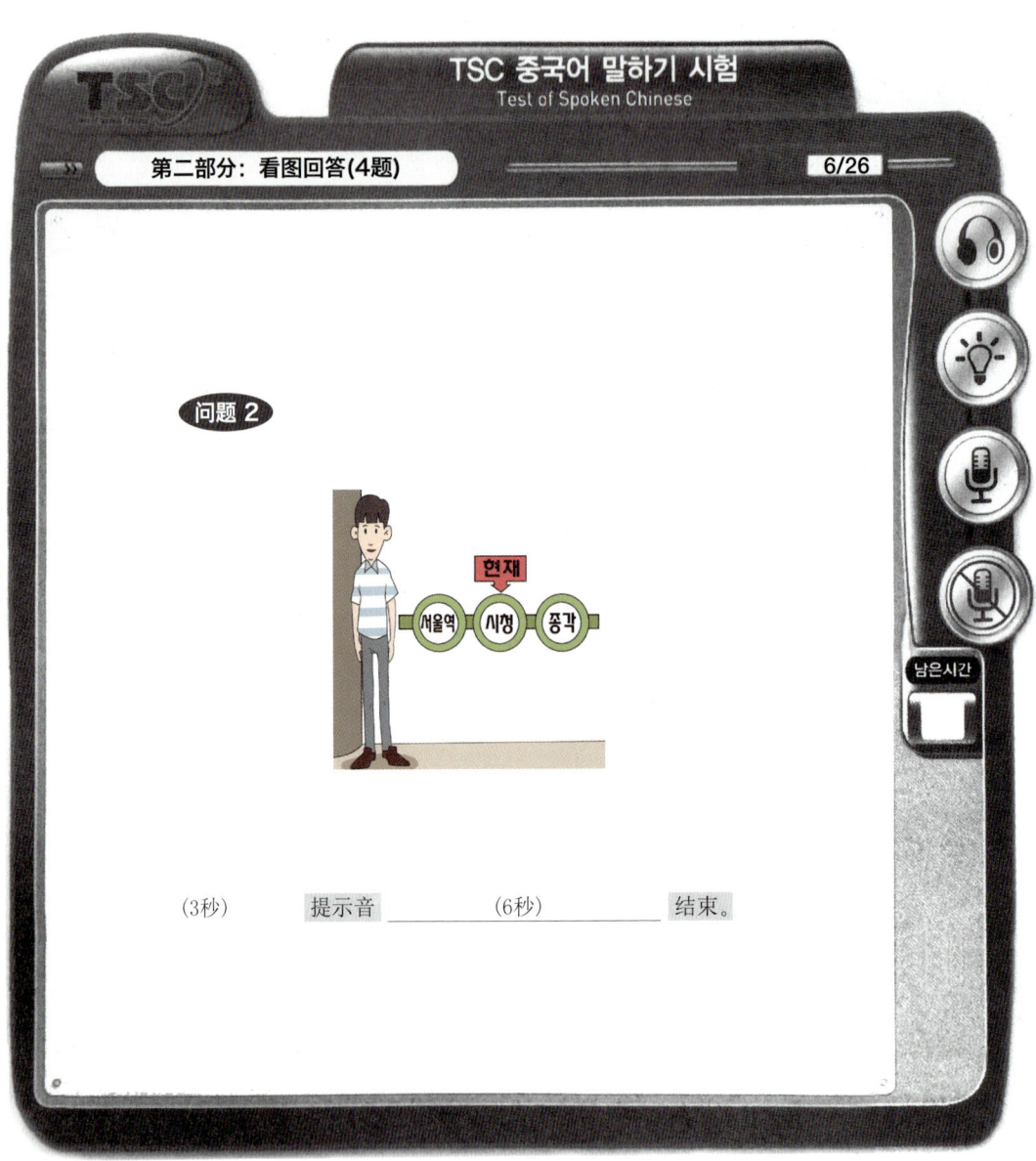

第三部分：快速回答(5题)

在这部分考试中，你需要完成五段简单的对话。这些对话出自不同的日常生活情景，在每段对话前，你将看到提示图。请尽量用完整的句子来回答，句子的长短和用词将影响你的分数。请听例句。

问题：　老张在吗?
回答1：　不在。
回答2：　他现在不在, 你有什么事儿吗? 要给他留言吗?

两种回答都可以，但第二种回答更完整更详细，你将得到较高的分数。请听到提示音之后开始回答问题。每道题的回答时间是15秒。
下面开始提问。

第四部分：简短回答(5题)   14/26

在这部分考试中，你将听到五个问题。请尽量用完整的句子来回答，句子的长短和用词将影响你的分数。请听例句。

问题：　会餐时一般吃什么?
回答1：　一般吃五花肉。
回答2：　我喜欢去烤肉店吃五花肉。因为五花肉又便宜又好吃。
　　　　一边吃五花肉，一边喝酒。
　　　　不仅可以放松一下，而且也可以解除压力。

两种回答都可以，但第二种回答更完整更详细，你将得到较高的分数。请听到提示音之后开始回答问题。每道题请你用15秒思考，回答时间是25秒。
下面开始提问。

 问题 1　你喜欢看电影吗?

　　　　　(15秒)　　提示音　　　　(25秒)　　　　结束。

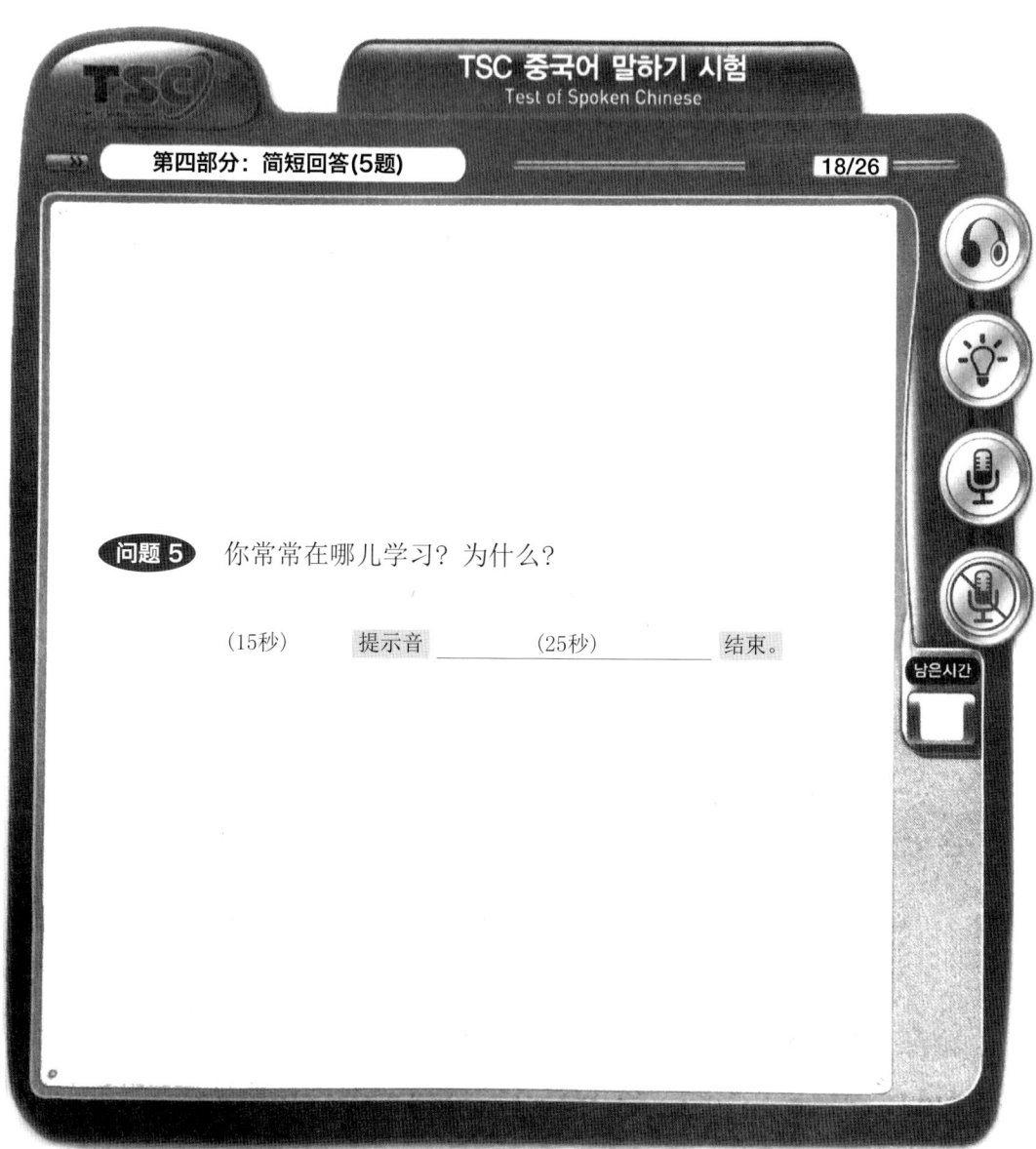

第五部分：拓展回答(4题)   19/26

在这部分考试中，你将听到五个问题，请发表你的观点和看法。请尽量用完整的句子回答，句子的长短和用词将影响你的分数。请听例句。

问题： 你喜欢喝茶还是喝咖啡？
回答1： 我喜欢喝咖啡。
回答2： 我喜欢喝咖啡。我特别喜欢跟朋友见面的时候一起去喝咖啡。一边喝咖啡，一边和朋友聊天，很有意思。

两种回答都可以，但第二种回答更完整更详细，你将得到较高的分数。请听到提示音之后开始回答问题。每道题请你用30秒思考，回答时间是50秒。
下面开始提问。

问题 1 你觉得女性结婚后应不应该继续工作？

(30秒)　　提示音　　　(50秒)　　　结束。

第六部分：情景应对(3题)

在这部分考试中，你将看到提示图，同时还将听到中文的情景叙述。假设你处于这种情况之下，你将如何应对。请尽量用完整的句子来回答，句子的长短和用词将影响你的分数。请听到提示音之后开始回答问题。每道题请你用30秒思考，回答时间是40秒。下面开始提问。

问题 1

今天晚上你跟朋友约好一起去看电影。不过因为天黑了所以妈妈很担心你出去。请你告诉她你出门的理由而让妈妈放心。

(30秒)　　提示音　　(40秒)　　结束。

丈夫每天喝酒很晚才回家。你在妻子的立场上劝劝他吧。

(30秒)　提示音　　　(40秒)　　　结束。

第七部分：看图说话(1题)

在这部分考试中，你将看到四幅连续的图片。请你根据图片的内容讲述一个完整的故事。请认真看下列四幅图片。(30秒)

现在请根据图片的内容讲述故事，请尽量完整，详细。
讲述时间是90秒。请听到提示音之后开始回答。

问题　　(30秒)　　提示音　　　　(90秒)　　　　结束。

실전 모의고사 5

TSC 중국어 말하기 시험
Test of Spoken Chinese

第一部分：自我介绍(4题)　　　　　　　　1-4/26

在这部分考试中，你将听到四个简单的文句。请听到提示音之后开始回答。每道题的回答时间是10秒。
下面开始提问。

问题 1　你叫什么名字？

　　　　　提示音　　　(10秒)　　　结束。

问题 2　请说出你的出生年月日。

　　　　　提示音　　　(10秒)　　　结束。

问题 3　你家有几口人？

　　　　　提示音　　　(10秒)　　　结束。

问题 4　你在什么地方工作？或者你在哪个学校上学？

　　　　　提示音　　　(10秒)　　　结束。

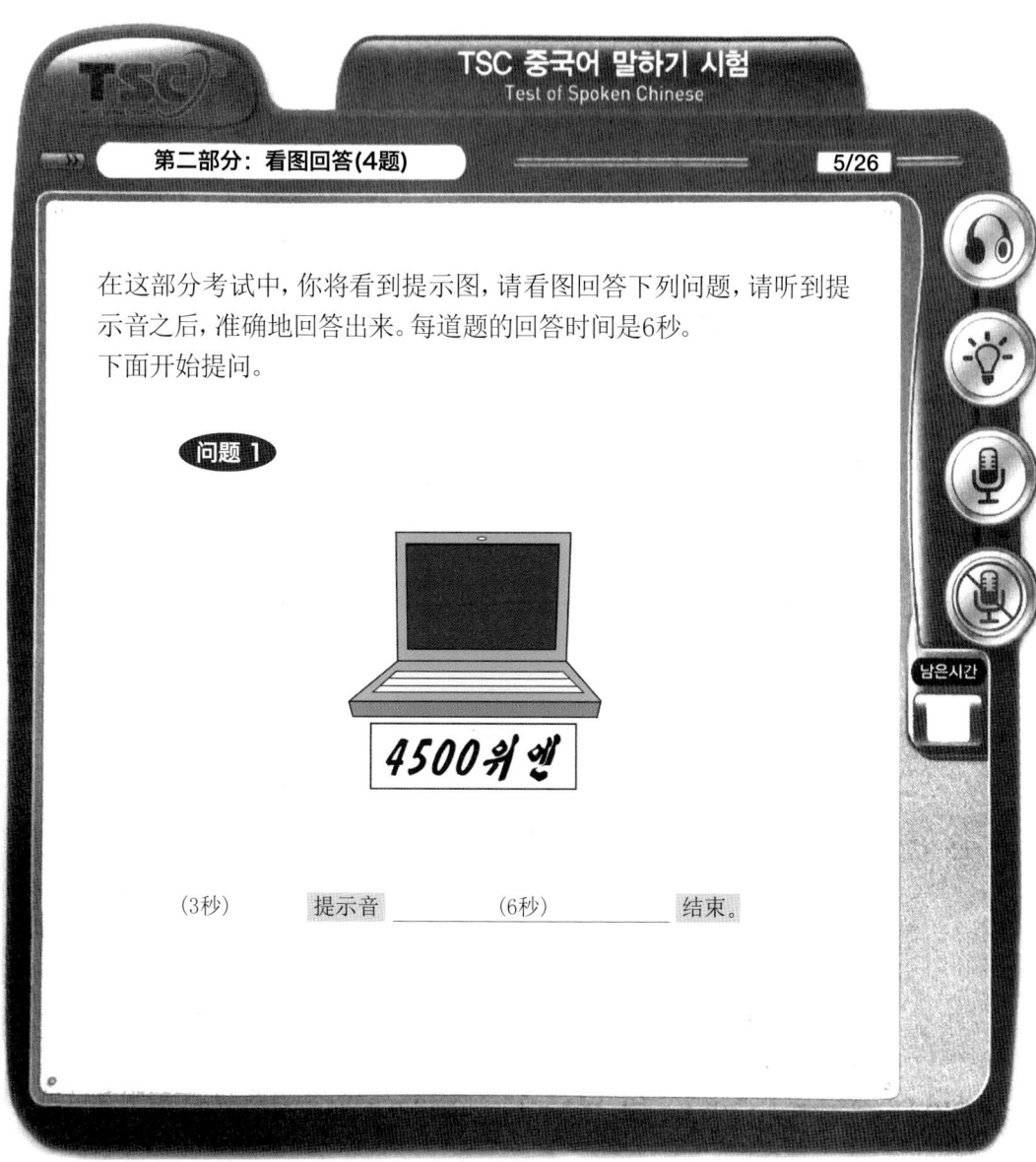

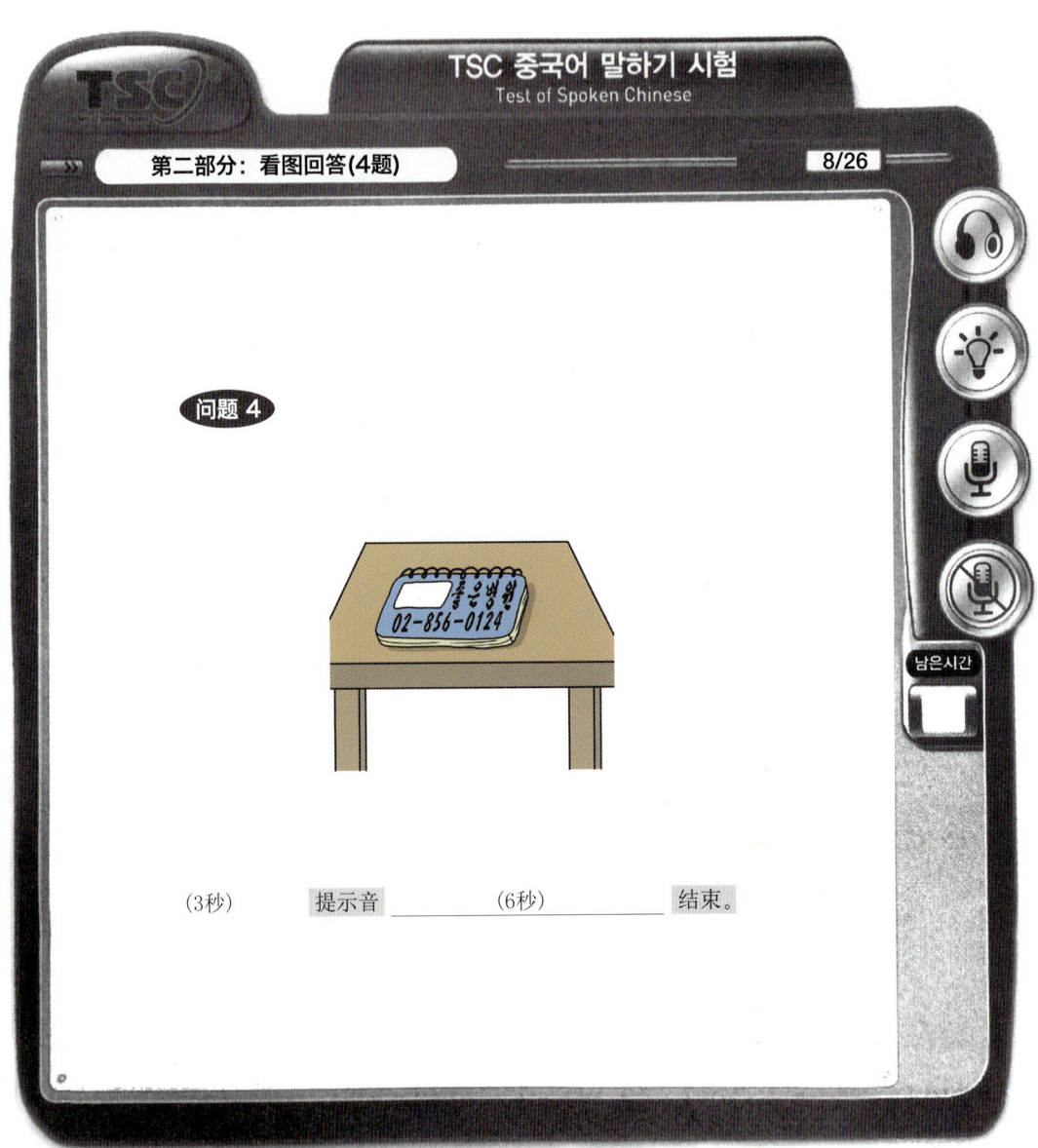

第三部分: 快速回答(5题)

在这部分考试中，你需要完成五段简单的对话。这些对话出自不同的日常生活情景，在每段对话前，你将看到提示图。请尽量用完整的句子来回答，句子的长短和用词将影响你的分数。请听例句。

问题: 老张在吗?
回答1: 不在。
回答2: 他现在不在, 你有什么事儿吗? 要给他留言吗?

两种回答都可以，但第二种回答更完整更详细，你将得到较高的分数。请听到提示音之后开始回答问题。每道题的回答时间是15秒。
下面开始提问。

第四部分：简短回答(5题)

在这部分考试中，你将听到五个问题。请尽量用完整的句子来回答，句子的长短和用词将影响你的分数。请听例句。

问题： 会餐时一般吃什么？
回答1： 一般吃五花肉。
回答2： 我喜欢去烤肉店吃五花肉。因为五花肉又便宜又好吃。
一边吃五花肉，一边喝酒。
不仅可以放松一下，而且也可以解除压力。

两种回答都可以，但第二种回答更完整更详细，你将得到较高的分数。请听到提示音之后开始回答问题。每道题请你用15秒思考，回答时间是25秒。
下面开始提问。

问题 1　如果你要送父母礼物，那么你想送什么？

(15秒)　　提示音　　　　(25秒)　　　　结束。

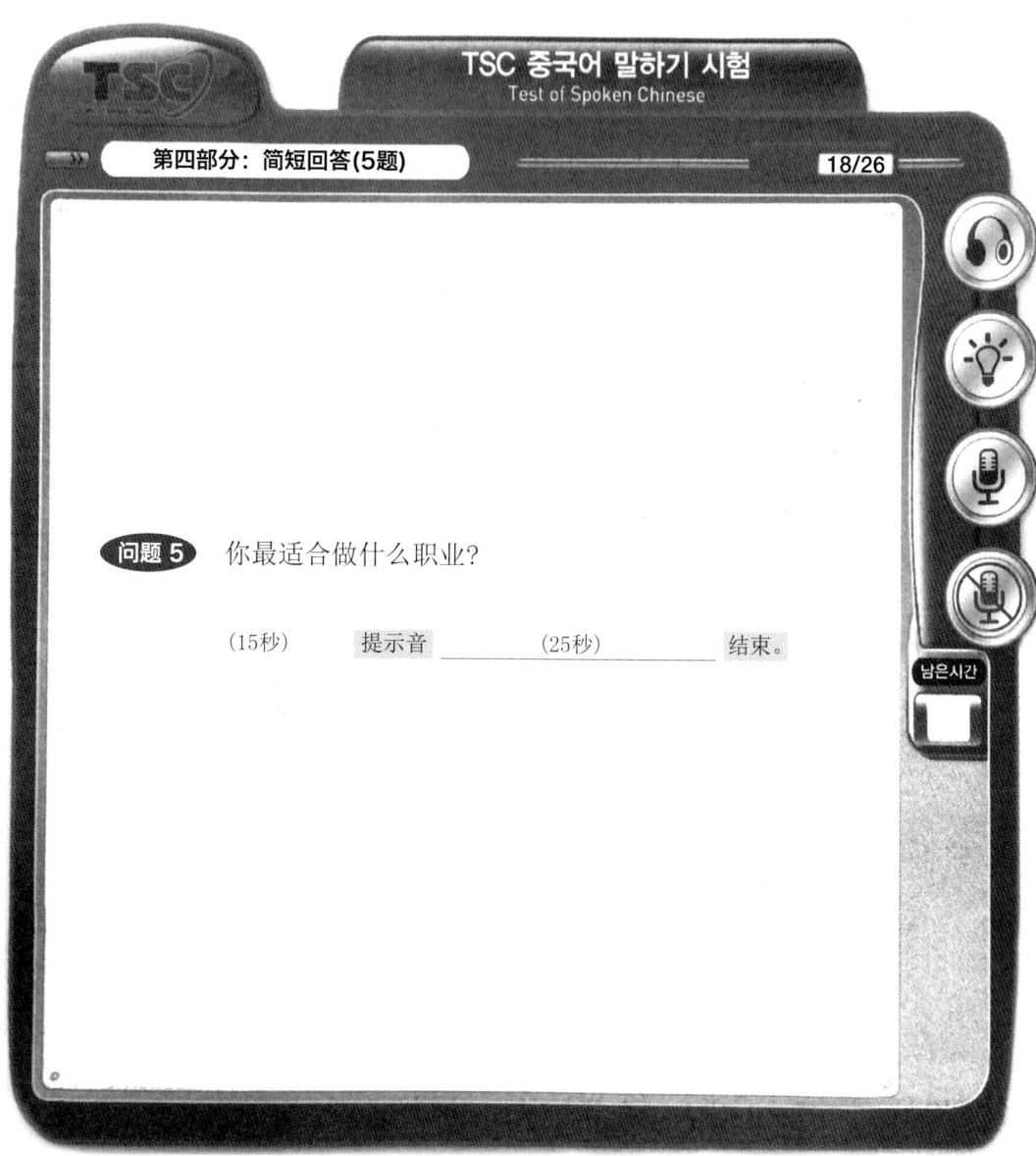

第五部分：拓展回答(4题)　　　　　　　　　　19/26

在这部分考试中，你将听到五个问题，请发表你的观点和看法。请尽量用完整的句子回答，句子的长短和用词将影响你的分数。请听例句。

　　问题：　你喜欢喝茶还是喝咖啡？
　　回答1：我喜欢喝咖啡。
　　回答2：我喜欢喝咖啡。我特别喜欢跟朋友见面的时候一起去喝咖啡。一边喝咖啡，一边和朋友聊天，很有意思。

两种回答都可以，但第二种回答更完整更详细，你将得到较高的分数。请听到提示音之后开始回答问题。每道题请你用30秒思考，回答时间是50秒。
下面开始提问。

问题 1　你认为人口老龄化给社会带来什么影响？

(30秒)　　提示音　　(50秒)　　结束。

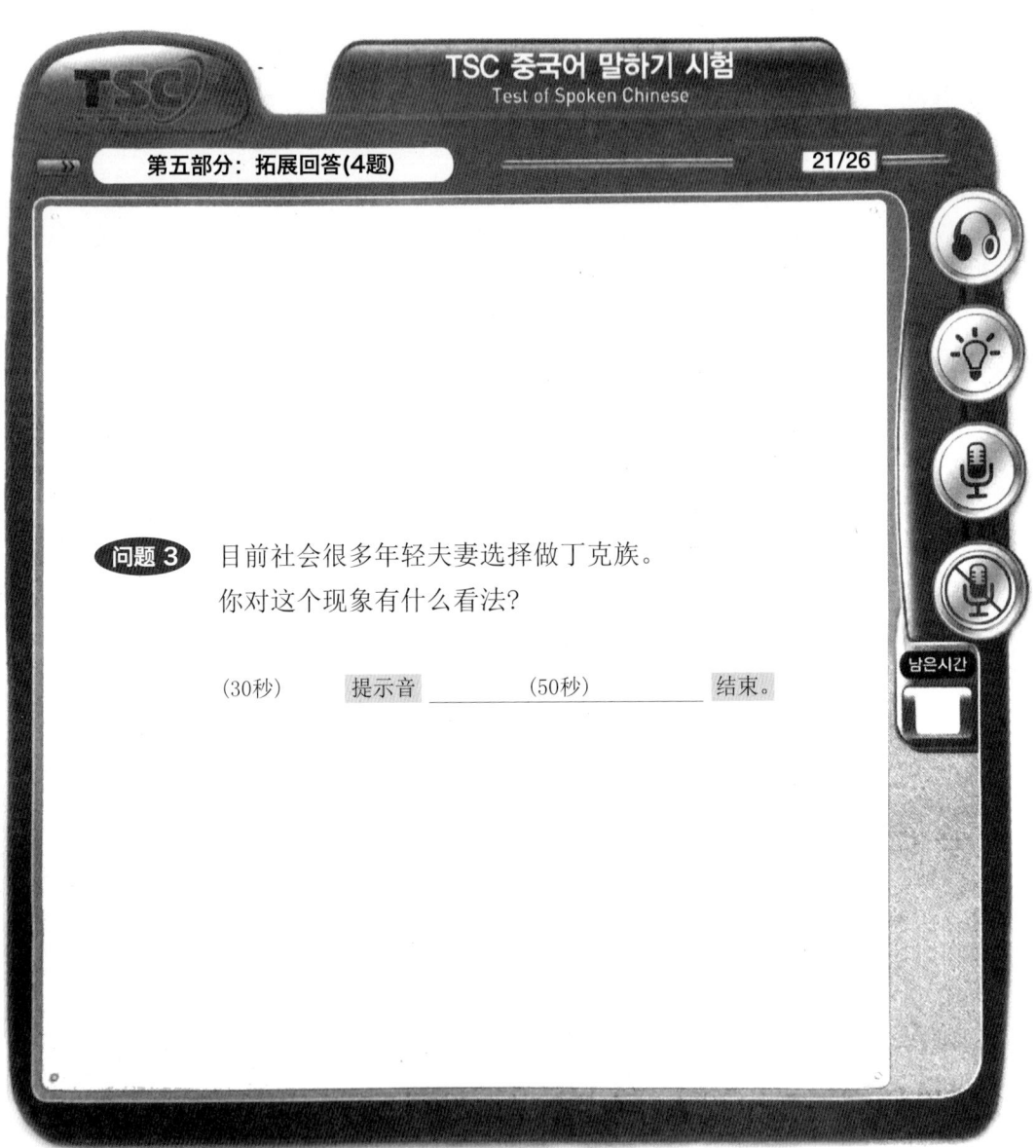

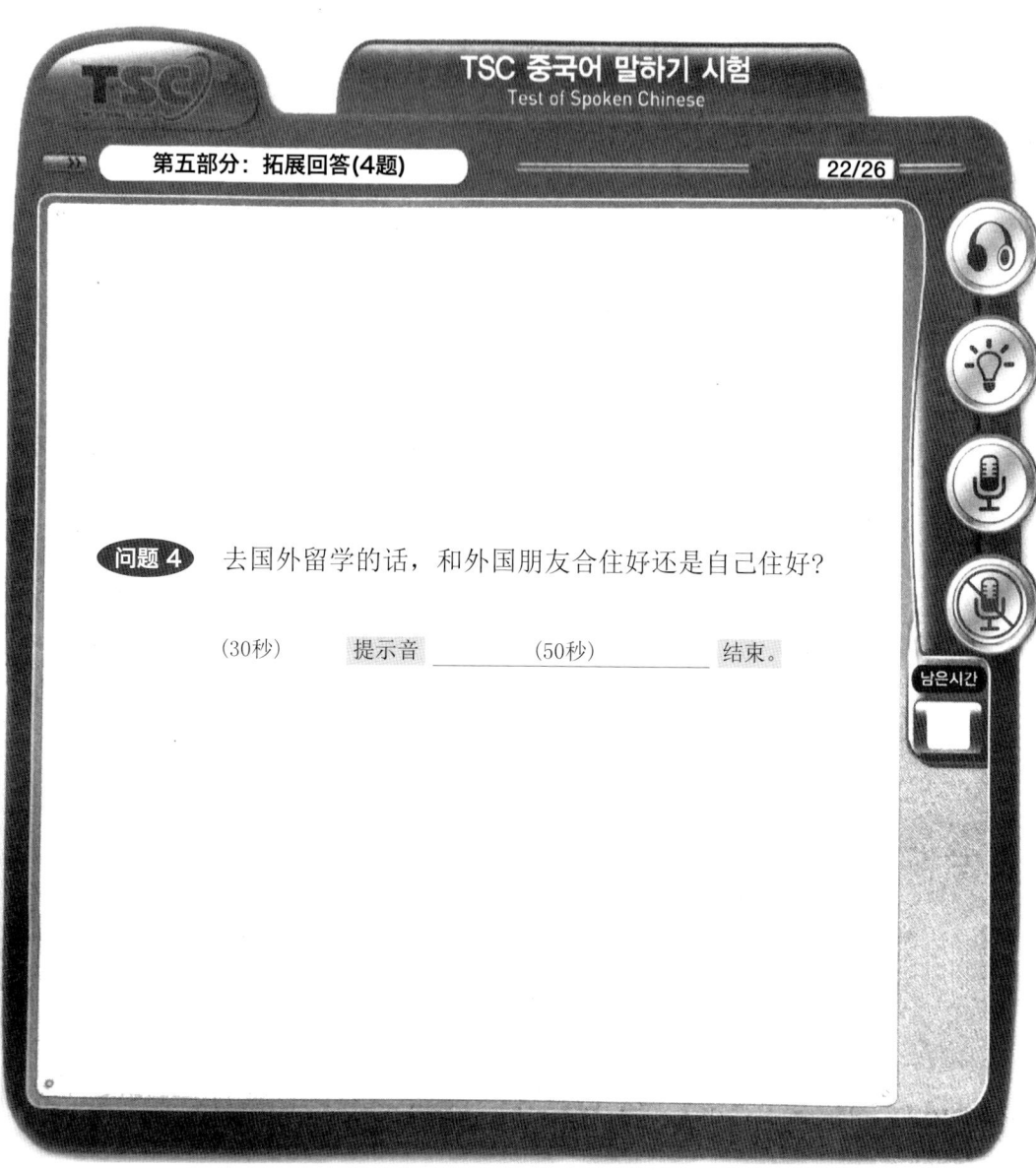

第六部分：情景应对(3题)　　　　　　　　　23/26

在这部分考试中，你将看到提示图，同时还将听到中文的情景叙述。假设你处于这种情况之下，你将如何应对。请尽量用完整的句子来回答，句子的长短和用词将影响你的分数。请听到提示音之后开始回答问题。每道题请你用30秒思考，回答时间是40秒。下面开始提问。

问题 1

你为了办护照去照相馆拍了照片。但是摄影师把背景弄成深蓝色了。你跟摄影师说明情况然后要求他重新拍。

(30秒)　　提示音　　　(40秒)　　　结束。

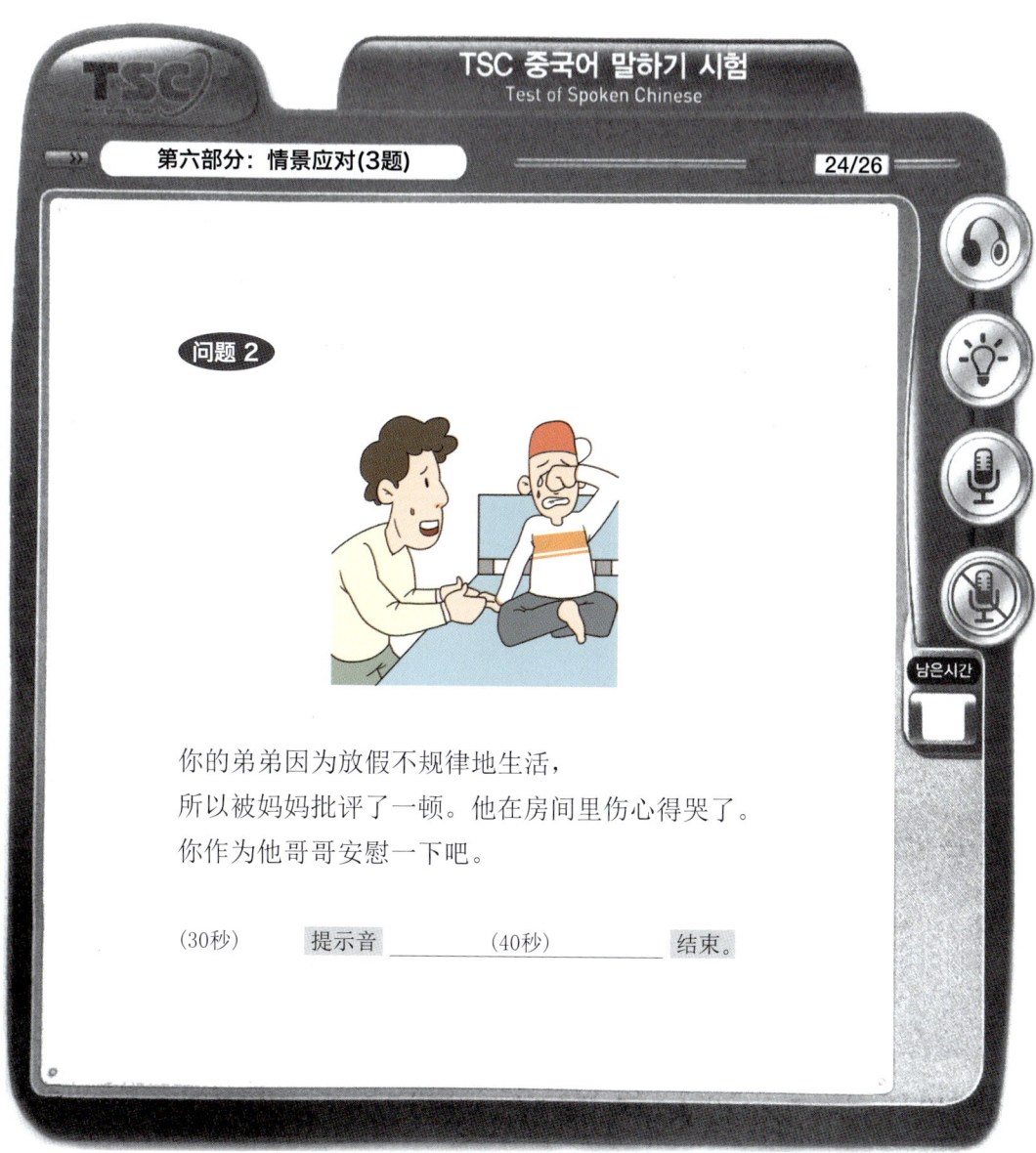

问题 2

你的弟弟因为放假不规律地生活，所以被妈妈批评了一顿。他在房间里伤心得哭了。你作为他哥哥安慰一下吧。

(30秒)　　提示音　　　　(40秒)　　　　结束。

问题 3

你的同学拿不定主意大学毕业后就业还是继续读书。请你给她一些忠告。

(30秒)　提示音　　　　(40秒)　　　　结束。

Part 2
실전 모의고사 답안

실전 모의고사 답안

실전 모의고사 1

第二部分：看图回答

1

질문 他什么时候有约会?

예시답안 他五月十二号星期五跟朋友
tā wǔ yuè shí èr hào xīng qī wǔ gēn péng you
有约会。
yǒu yuē huì.

한글해석 질문: 그는 언제 약속이 있나요?
예시답안: 그는 5월 12일 금요일에 친구와 약속이 있어요.

단어
- 什么时候 [shénmeshíhou] 부 언제
- 约会 [yuēhuì] 명 약속
- 星期五 [xīngqīwǔ] 명 금요일
- 跟 [gēn] 전 ~와
- 朋友 [péngyou] 명 친구

Tip 날짜, 요일, 시간 등을 묻는 문제가 자주 출제되므로 이와 관련된 어휘를 알아두자.

年	月	号(日)	星期	点	分
연	월	일	요일	시	분

예 今天几月几号? 오늘은 몇 월 몇 일인가요?
   明天星期几? 내일은 무슨 요일인가요?

2

질문 他现在在图书馆看书吗?

예시답안 不, 他现在在医院看病。
bù, tā xiàn zài zài yī yuàn kàn bìng.

한글해석 질문: 그는 지금 도서관에서 책을 봅니까?
예시답안: 아니요, 그는 지금 병원에서 진찰을 받습니다.

단어
- 现在 [xiànzài] 명 지금
- 图书馆 [túshūguǎn] 명 도서관
- 看书 [kànshū] 동 책을 보다
- 医院 [yīyuàn] 명 병원
- 看病 [kànbìng] 동 진료하다

Tip '看'은 동사로 '보다'라는 뜻이지만 뒤에 医生나 大夫 등과 같이 사용할 때 '진료하다, 진찰하다'는 의미도 있다.
예 妹妹在看电视呢。
   여동생은 텔레비전을 보고 있다.
   你发高烧, 快点儿去医院看医生吧。
   너 열이 많이 나는데, 빨리 병원 가서 진찰을 받아봐.

3

질문 这些汉语书一共多少钱?

예시답안 这些书一共45块钱。
zhè xiē shū yí gòng sì shí wǔkuài qián.

한글해석 질문: 이 중국어책들은 모두 얼마입니까?
예시답안: 이 책들은 모두 45위안입니다.

단어
- 些 [xiē] 양 조금, 약간
- 汉语书 [hànyǔshū] 명 중국어책
- 一共 [yígòng] 부 모두 합쳐서
- 多少钱 [duōshǎoqián] 얼마입니까?

Tip 위의 문제처럼 사물의 가격을 묻는 문제가 자주 출제되고 있다. 그러므로 인민폐의 화폐 단위와 화폐 읽는 방법에 대해 숙지하도록 하자.

문어체	元[yuán] 위안	角[jiǎo] 쟈오	分[fēn] 펀
구어체	块[kuài] 콰이	毛[máo] 마오	分[fēn] 펀

예 3.05元 / 三块零五分 [sānkuài língwǔfēn]
   30,50元 / 三十块五毛 [sānshíkuàiwǔmáo]

4

질문 今天热还是昨天热?

예시답안 今天比昨天更热。
jīn tiān bǐ zuó tiān gèng rè.

한글해석 질문: 오늘이 덥나요, 아니면 어제가 덥나요?
예시답안: 오늘이 어제보다 더 더워요.

단어
- 昨天 [zuótiān] 명 어제
- 热 [rè] 형 덥다
- 还是 [háishì] 부 아니면
- 比 [bǐ] 동 ~보다
- 更 [gèng] 부 훨씬

Tip '比'는 '~보다'는 뜻의 비교문을 나타내는 전치사이다. 비교문에서는 부사 '更'과 '还'만 사용할 수 있고 부정형 '~만큼 ~하지 않다'는 'A+没有+B+형용사'로 표현한다.
예 冬天的时候北方比南方更干燥。
   겨울에 북쪽 지역이 남쪽 지역보다 더 건조하다.
   我的汉语没有你好。
   나는 중국어를 너만큼 잘하지 못한다.

第三部分：快速回答

1

질문 你身体怎么样? 好些了吗?

예시답안 比昨天晚上好多了。
bǐ zuó tiān wǎn shang hǎo duō le.
可是全身还没力气, 头也有点儿疼。
kě shì quán shēn hái méi lì qi, tóu yě yǒu diǎnr téng.

한글해석 질문: 몸이 어떠니? 좀 나아졌니?
예시답안: 어제 저녁보다 많이 좋아졌어요. 하지만 아직 온몸에 힘이 없고 머리도 조금 아파요.

단어
- 可是 [kěshì] 접 그러나
- 全身 [quánshēn] 명 전신
- 没力气 [méilìqi] 기운이 없다

- 有点儿 [yǒudiǎnr] 튄 조금, 약간
- 疼 [téng] 톙 아프다

Tip '有点儿'은 '조금, 약간'의 뜻으로 형용사와 동사의 앞에 쓰여 불만스러움을 나타낸다.
예 这些菜有点儿咸. 이 요리들은 좀 짜다.
因为下雨不能出去玩儿, 所以孩子们都有点儿不高兴了.
비가 와서 나가 놀지 못하게 되자 아이들은 기분이 언짢아졌다.

2 질문 这是什么礼物？今天是什么日子吗？
예시답안 今天是我们的结婚纪念日7周年,
jīn tiān shì wǒ men de jié hūn jì niàn rì qī zhōu nián,
我为我的爱人准备了一个小礼物.
wǒ wèi wǒ de ài rén zhǔn bèi le yí ge xiǎo lǐ wù.

한글해석 질문: 이게 무슨 선물이에요? 오늘 무슨 날인가요?
예시답안: 오늘은 우리 결혼기념일 7주년이라 아내를 위해 준비한 선물이에요.

단어
- 礼物 [lǐwù] 몡 선물
- 结婚纪念日 [jiéhūnjìniànrì] 몡 결혼기념일
- 为 [wèi] 젠 ~을 위하여
- 爱人 [àirén] 몡 남편 혹은 아내

Tip 중국어에서 '爱人'은 남편이나 아내를 지칭하는 말이다. '애인, 연인'을 말할 때에는 '恋人'라고 표현하는 것에 주의하자.

3 질문 爸爸, 我这次期中考试数学得了一百分.
예시답안 太棒了! 这是你平时努力学习的
tài bàng lé zhè shì nǐ píng shí nǔ lì xué xí de
好结果. 我相信你别的科目也能
hǎo jié guǒ. wǒ xiāng xìn nǐ bié de kē mù yě néng
得到好成绩.
dé dào hǎo chéng jì.

한글해석 질문: 아빠 이번 중간고사에서 수학 100점 맞았어요.
예시답안: 정말 대단한데! 이것은 네가 평소에 열심히 한 결과야. 나는 네가 다른 과목도 좋은 성적을 거둘 수 있을 거라고 믿어.

단어
- 期中考试 [qīzhōngkǎoshì] 몡 중간고사
- 得 [dé] 동 획득하다
- 棒 [bàng] 톙 대단하다
- 结果 [jiéguǒ] 몡 결과
- 成绩 [chéngjì] 몡 성적

Tip '得'는 '얻다, 획득하다'는 뜻의 동사로 다음과 같은 표현을 자주 사용하므로 잘 알아두자.
예 取得成绩 [qǔdéchéngjì] 성적을 거두다
取得冠军 [qǔdéguànjūn] 우승을 거두다
得到同意 [dédàotóngyì] 동의를 얻다
得到好评 [dédàohǎopíng] 좋은 평가를 받다

4 질문 请问, 你有没有什么忌口的东西？
예시답안 我不习惯吃香菜, 所以少放一点儿.
wǒ bù xí guàn chī xiāng cài, suǒ yǐ shǎo fàng yì diǎnr.
还有, 菜不要太辣.
hái yǒu, cài bú yào tài là.

한글해석 질문: 실례지만 가리는 음식이 있으신가요?
예시답안: 저는 고수를 잘 못 먹어요. 조금만 넣어주세요. 또 음식을 너무 맵게 하지 마세요.

단어
- 忌口 [jìkǒu] 동 음식을 가리다
- 习惯 [xíguàn] 동 습관이 되다
- 香菜 [xiāngcài] 몡 고수, 향채
- 放 [fàng] 동 넣다
- 辣 [là] 톙 맵다

Tip '习惯'은 '습관, 버릇'이라는 명사뿐만 아니라 '습관이 되다. 적응을 하다.'는 뜻의 동사로도 쓰인다.
예 我刚来中国留学, 所以还不习惯中国的生活.
나는 막 중국에 유학을 와서 중국 생활에 아직 적응하지 못했다.
我习惯早起早睡.
나는 일찍 자고 일찍 일어나는 것에 습관이 되어 있다.

5 질문 咖啡有点儿苦. 你也要加一点儿糖吗？
예시답안 不用了, 我不太爱吃甜的.
bú yòng le, wǒ bú tài ài chī tián de.
再说, 咖啡还是苦一点儿好.
zài shuō, kā fēi hái shì kǔ yì diǎnr hǎo.

한글해석 질문: 커피가 조금 쓴데 설탕을 조금 넣을래요?
예시답안: 괜찮아요, 저는 단 것을 좋아하지 않아요. 게다가 커피는 조금 쓴 것이 나은 것 같아요.

단어
- 甜 [tián] 톙 달다
- 再说 [zàishuō] 접 게다가
- 苦 [kǔ] 톙 쓰다
- 加 [jiā] 동 더하다, 첨가하다
- 糖 [táng] 몡 설탕

Tip '一点儿'은 '조금, 약간'의 뜻의 양사로 형용사나 동사 뒤에 쓰여 불확정적인 수량이나 비교를 나타낸다.
예 他吃一点儿饭就走了.
그는 밥을 조금 먹고 바로 갔다.
我比他高一点儿.
나는 그보다 조금 크다.

실전 모의고사 답안

第四部分：简短回答

1 **질문** 你的性格怎么样?

예시답안 我是一个开朗大方的人。
wǒ shì yí ge kāi lǎng dà fang de rén.

我喜欢交朋友，爱开玩笑。
wǒ xǐ huan jiāo péng you, ài kāi wán xiào.

所以我有很多朋友。
suǒ yǐ wǒ yǒu hěn duō péng you.

朋友们都说我乐于帮助别人，很热情。
péng you men dōu shuō wǒ lè yú zhù rén, hěn rè qíng.

但是有时候说话很直，
dàn shì yǒu shí hou shuō huà hěn zhí,

因此会无意地伤害到别人。
yīn cǐ huì wú yì de shāng hài dào bié rén.

所以我下决心每次跟朋友们
suǒ yǐ wǒ xià jué xīn měi cì gēn péng you men

聊天的时候说话都要谨慎，
liáo tiān de shí hou shuō huà dōu yào jǐn shèn,

一定要改掉我的坏习惯。
yí dìng yào gǎi diào wǒ de huài xí guàn.

한글해석 질문: 당신의 성격은 어떻습니까?

예시답안: 나는 명랑하고 시원시원한 사람입니다. 친구 사귀는 것을 좋아하고 농담도 잘합니다. 그래서 저는 친구들이 많습니다. 친구들은 제가 남을 잘 도와주고 친절하다고 합니다. 그러나 어떤 때에는 말이 직설적이어서 무의식중에 다른 사람에게 상처를 줄 때도 있습니다. 그래서 저는 매번 친구들과 이야기를 할 때 신중하게 말하여 이 나쁜 습관을 고치기로 결심했습니다.

단어
- 大方 [dàfang] 형 대범하다
- 开玩笑 [kāiwánxiào] 농담하다
- 乐于 [lèyú] 동 기꺼이 (어떤 일을) 하다
- 直 [zhí] 형 거리낌없다
- 谨慎 [jǐnshèn] 형 신중하다

Tip 형용사를 중첩하면 의미를 심화시킬 수 있다. 1음절 형용사는 'AA'로 2음절 형용사는 'AABB'로 표현한다. 이와 같이 형용사를 중첩하면 정도 부사의 수식을 받을 수 없다는 것에 주의하자.

예 她有一双大大的眼睛。
그녀는 아주 큰 눈을 가지고 있다.
我想找一个安安静静的地方休息。
나는 아주 조용한 곳을 찾아 휴식하고 싶다.

2 **질문** 到现在为止，你有没有最后悔的事情?

예시답안 我一般做事不后悔。
wǒ yì bān zuò shì bú hòu huǐ.

因为我知道世上所有的事情
yīn wèi wǒ zhī dào shì shàng suǒ yǒu de shì qing

都有得有失，
dōu yǒu dé yǒu shī,

而且事情过去了，后悔也没办法。
ér qiě shì qing guò qù le, hòu huǐ yě méi bàn fǎ.

我觉得与其后悔不如为以后
wǒ jué de yǔ qí hòu huǐ bù rú wèi yǐ hòu

不再犯错误而努力。
bú zài fàn cuò wù ér nǔ lì.

所以无论碰到什么问题，
suǒ yǐ wú lùn pèng dào shén me wèn tí,

我都会先考虑好，
wǒ dōu huì xiān kǎo lǜ hǎo,

然后再作决定以免后悔。
rán hòu zài zuò jué dìng yǐ miǎn hòu huǐ.

한글해석 질문: 지금까지 당신은 가장 후회하는 일이 있나요?

예시답안: 저는 보통 했던 일을 후회하지 않습니다. 왜냐하면, 세상에는 얻는 것이 있으면 잃는 것도 있다는 것을 알기 때문입니다. 게다가 이미 지나간 일은 후회해도 소용이 없습니다. 후회하느니 차라리 이후에 후회할 일을 하지 않도록 노력하는 것이 더 낫다고 생각합니다. 그래서 무슨 일을 만나든지 먼저 잘 고려한 후에 결정해야 후회하는 일이 없을 것입니다.

단어
- 后悔 [hòuhuǐ] 동 후회하다
- 有得有失 [yǒudéyǒushī] 얻은 것도 있고, 잃은 것도 있다
- 犯错误 [fàncuòwù] 실수하다
- 碰 [pèng] 동 마주치다, 부딪히다
- 以免 [yǐmiǎn] 접 ~하지 않도록, ~않기 위해서

Tip '与其~不如~'는 '~하느니 차라리 ~하는 편이 낫다'는 접속사 표현이다.
예 与其睡觉不如去运动。
잠을 자느니 차라리 운동하러 가는 것도 낫다.
与其埋怨别人还不如先反省自己。
남을 원망하느니 먼저 자신을 반성하는 것도 낫다.

3 **질문** 你有什么爱好?

예시답안 我爱好旅游。
wǒ ài hào lǚ yóu.

因为去旅行既可以开阔眼界，
yīn wèi qù lǚ xíng jì kě yǐ kāi kuò yǎn jiè,

又可以减轻压力。
yòu kě yǐ jiǎn qīng yā lì.

我最大的梦想是环游世界。
wǒ zuì dà de mèng xiǎng shì huán yóu shì jiè.

学生时代，我一放假就跟家人
xué sheng shí dài, wǒ yí fàng jià jiù gēn jiā rén

去郊外旅行。现在大学毕业了
qù jiāo wài lǚ xíng. xiàn zài dà xué bì yè le

也找到了一份好工作。
yě zhǎo dào le yí fèn hǎo gōng zuò.

所以在经济条件允许的情况下,
suǒ yǐ zài jīng jì tiáo jiàn yǔn xǔ de qíng kuàng xià,
一年两三次去海外旅行。
yì nián liǎng sān cì qù hǎi wài lǚ xíng.

한글해석 질문: 당신은 어떤 취미가 있나요?
예시답안: 저는 여행을 좋아합니다. 왜냐하면, 여행은 시견을 넓힐 수 있고 스트레스도 해소할 수 있기 때문입니다. 저의 가장 큰 꿈은 세계 일주를 하는 것입니다. 학생 때에는 방학하면 가족과 함께 교외로 여행을 갔습니다. 지금은 졸업을 하고 좋은 직장을 얻었습니다. 그래서 경제여건이 허락하는 한에서 일 년에 두세 번 해외여행을 갑니다.

단어
- 环游 [huányóu] 동 두루 돌아다니다
- 开眼界 [kāiyǎnjiè] 시견을 넓히다
- 郊外 [jiāowài] 명 교외
- 经济条件 [jīngjìtiáojiàn] 명 경제여건
- 允许 [yǔnxǔ] 동 허락하다

Tip '在~情况下'는 '~한 상황에서'라는 표현이다.
예 在困难的情况下, 最好互相帮助。
어려운 상황에서 서로 돕는 것이 최선이다.
在这紧张的情况下, 我连话也说不出来了。
이 긴장된 상황에서 나는 말조차 하지 못했다.

4 질문: 你做菜做得怎么样?

예시답안 我妈妈从小就教我做饭做菜。
wǒ mā ma cóng xiǎo jiù jiāo wǒ zuò fàn zuò cài.

所以家常菜我差不多都会做。
suǒ yǐ jiā cháng cài wǒ chà bu duō dōu huì zuò.

而且我的爱好就是烹饪,
ér qiě wǒ de ài hào jiù shì pēng rèn,

平时常常给父母和妹妹
píng shí cháng cháng gěi fù mǔ hé mèi mei

做好吃的菜。
zuò hǎo chī de cài.

去年我生日的时候
qù nián wǒ shēng rì de shí hou

我请了很多朋友来我家吃饭。
wǒ qǐng le hěn duō péng you lái wǒ jiā chī fàn.

那天我亲手做了几道菜。
nà tiān wǒ qīn shǒu zuò le jǐ dào cài.

他们吃了以后
tā men chī le yǐ hòu

都说我的手艺很不错,
dōu shuō wǒ de shǒu yì hěn bú cuò,

跟餐厅的菜相比没什么两样。
gēn cān tīng de cài xiàng bǐ méi shén me liǎng yàng.

看到他们吃得津津有味的样子,
kàn dào tā men chī de jīn jīn yǒu wèi de yàng zi,

我就非常高兴。
wǒ jiù fēi cháng gāo xìng.

한글해석 질문: 당신은 요리를 잘합니까?
예시답안: 우리 어머니는 내가 어렸을 때부터 요리하는 것을 가르쳐 주셨습니다. 그래서 일상 가정 요리는 거의 할 줄 압니다. 게다가 저의 취미도 요리하기입니다. 평소 자주 부모님과 여동생에게 맛있는 요리를 해줍니다. 작년 내 생일 때, 나는 친구들을 집에 초대해 식사를 대접했습니다. 그 날 저는 직접 몇 가지 요리를 만들었습니다. 친구들이 내 요리를 먹어보고는 솜씨가 좋다고 말하며 음식점에서 파는 것과 똑같다고 말했습니다. 그들이 맛있게 먹는 모습을 보니 저도 매우 기뻤습니다.

단어
- 烹饪 [pēngrèn] 동 요리하다
- 家常菜 [jiāchángcài] 명 일상 가정 음식
- 亲手 [qīnshǒu] 부 직접
- 手艺 [shǒuyì] 명 솜씨
- 津津有味 [jīnjīnyǒuwèi] 아주 맛있다

Tip '两样'은 '두 가지 모양' 즉, '서로 다르다'는 의미다. 그러므로 '没什么两样'은 '다르지 않다, 똑같다'는 표현이다. 또 '津津有味[jīnjīnyǒuwèi]'은 이야기를 재미있게 하는 모습이나 음식을 맛있게 먹는 모습을 형용하는 성어이다.

5 질문: 你有没有即使需要花一大笔钱也想买的东西呢?

예시답안 我很想买一套田园住宅。
wǒ hěn xiǎng mǎi yí tào tián yuán zhù zhái.

因为我非常向往田园生活。
yīn wèi wǒ fēi cháng xiàng wǎng tián yuán shēng huó.

我现在住的是套公寓。
wǒ xiàn zài zhù de shì tào gōng yù.

虽然很多人都说住公寓
suī rán hěn duō rén dōu shuō zhù gōng yù

很方便, 但我不这么认为。
hěn fāng biàn, dàn wǒ bú zhè me rèn wéi.

如果我能在田园住宅
rú guǒ wǒ néng zài tián yuán zhù zhái

生活的话, 不仅可以在院子里养狗,
shēng huó de huà. bù jǐn kě yǐ zài yuàn zi lǐ yǎng gǒu,

养各种各样的花草,
yǎng gè zhǒng gè yàng de huā cǎo,

还可以为孩子做一个游乐场。
hái kě yǐ wèi hái zi zuò yí ge yóu lè chǎng.

所以要是我有了很多钱的话,
suǒ yǐ yào shì wǒ yǒu le hěn duō qián de huà,

就买一套田园住宅。
jiù mǎi yí tào tián yuán zhù zhái.

한글해석 질문: 당신은 많은 돈을 들여 사고 싶은 것이 있나요?
예시답안: 저는 전원주택을 사고 싶습니다. 왜냐하면, 저는 전원생활을 매우 갈망하기 때문입니다. 제가 지금 살고 있는 곳은 아파트입니다. 비록 사람들은 아파트에 사는 것이 편하다고 말하지만 저는 그렇게 생각하지 않습니다. 만약에 전원주택에 산다면 마당에 강아지와

실전 모의고사 답안

여러 가지 화초들을 심을 수 있고, 아이들을 위해 놀이터를 만들어 줄 수도 있습니다. 그래서 저는 만약에 많은 돈이 생긴다면 전원주택을 구입할 것입니다.

단어
- 田园住宅 [tiányuánzhùzhái] 명 전원주택
- 公寓 [gōngyù] 명 아파트
- 狗 [gǒu] 명 개
- 花草 [huācǎo] 명 화초
- 游乐场 [yóulèchǎng] 명 놀이터

Tip '套'는 '덮개, 커버'라는 뜻의 명사 이외에 사물의 세트나 집을 세는 양사로도 쓰인다.
예) 送他一套茶具怎么样?
그에게 다기 세트를 선물하는 것이 어떨까?
我最近买了一套房子。
나는 최근에 집을 한 채 샀다.

第五部分：拓展回答

1

질문 目前大学毕业生失业率高的原因是什么?

예시답안 我觉得目前大学毕业生
wǒ jué de mù qián dà xué bì yè shēng

失业率高的原因有以下几个。
shī yè lǜ gāo de yuán yīn yǒu yǐ xià jǐ ge.

第一，因为经济不景气
dì yī, yīnwèi jīng jì bù jǐng qì

所以就业岗位不多。
suǒ yǐ jiù yè gǎng wèi bù duō.

第二，目前求职者的学历越来越高。
dì èr, mù qián qiú zhí zhě de xué lì yuè lái yuè gāo.

硕士、博士甚至博士后
shuò shì、bó shì shèn zhì bó shì hòu

都为了一个岗位竞争。
dōu wèi le yí ge gǎng wèi jìng zhēng.

因此，就业竞争特别激烈。
yīn cǐ, jiù yè jìng zhēng tè bié jī liè.

第三，因为推迟退休年龄
dì sān, yīn wèi tuī chí tuì xiū nián líng

使大学毕业生的
shǐ dà xué bì yè shēng de

就业机会减少了很多。
jiù yè jī huì jiǎn shǎo le hěn duō.

这些就是目前失业率高的原因。
zhè xiē jiù shì mù qián shī yè lǜ gāo de yuán yīn.

한글해석 질문: 현재 대학졸업생들의 실업율이 높은 이유가 무엇이라고 생각합니까?
예시답안: 현재 대학 졸업생의 실업률이 높은 원인은 다음의 몇 가지가 있다고 생각합니다. 첫째, 불경기로 인해 일자리가 많지 않습니다. 둘째, 요즘 학력이 점점 높아져서 석사, 박사, 심지어 박사를 수료한 이후에도 일자리를 얻기 위해 경쟁을 합니다. 이로 인해 취업 경쟁이 매우 치열해졌습니다. 셋째, 퇴직 연령이 연장되어 대학생들의 취업기회가 많이 줄어들게 되었습니다. 이것들이 바로 현재 실업률이 높은 원인입니다.

단어
- 失业率 [shīyèlǜ] 명 실업률
- 不景气 [bùjǐngqì] 불경기이다
- 岗位 [gǎngwèi] 명 일자리
- 竞争 [jìngzhēng] 명 경쟁 동 경쟁하다
- 推迟 [tuīchí] 동 뒤로 미루다

Tip 원인이나 이유, 조건 등을 순서대로 나열할 때에는 '第一，～ 第二，～ 第三，～'와 같이 '첫째，～ 둘째，～ 셋째，～'로 표현할 수 있다.
예) 我想买的房子第一要安静，第二要干净，第三要舒适。
내가 사고 싶은 집은 첫째 조용하고, 둘째 깨끗하고 셋째 편안해야 한다.
我不在北京留学的原因是因为第一空气不好，第二经常堵车，第三物价很贵。
내가 북경에서 유학하지 않은 원인은 첫째 공기가 안 좋고 둘째 자주 차가 막히고 셋째 물가가 비싸기 때문이다.

2

질문 如果你有很多钱，你可以一辈子靠这笔钱生活。这样的情况下，你还要继续工作吗?

예시답안 即使我有一大笔钱也要继续工作。
jí shǐ wǒ yǒu yí dà bǐ qián yě yào jì xù gōng zuò.

因为工作不仅仅是挣钱的手段
yīn wèi gōng zuò bù jǐn jǐn shì zhèng qián de shǒu duàn

而是实现梦想的过程。
ér shì shí xiàn mèng xiǎng de guò chéng.

我从小就想做一名老师，
wǒ cóng xiǎo jiù xiǎng zuò yì míng lǎo shī,

而现在终于当上老师了。
ér xiàn zài zhōng yú dāng shàng lǎo shī le.

每天和学生们相处非常高兴。
měi tiān hé xué sheng men xiāng chǔ fēi cháng gāo xìng.

要是因为有钱放弃我的职业的话，
yào shì yīn wèi yǒu qián fàng qì wǒ de zhí yè de huà,

我就会迷失人生的方向，
wǒ jiù huì mí shī rén shēng de fāng xiàng,

生活也没有意义了。
shēng huó yě jiù méi yǒu yì yì le.

한글해석 질문: 만약에 당신에게 많은 돈이 있어 평생 이 돈으로 살 수 있습니다. 이런 상황에서 당신은 계속 일을 할 것입니까?
예시답안: 설령 나에게 많은 돈이 있다 할지라도 나는 계속 일을 할 것입니다. 왜냐하면, 일은 단지 돈을 버는 수단이 아니라 내 꿈을 실현하는 과정이기 때문입니다. 어려서부터 나는 교사가 되고 싶었고 지금 마침내 교사가 되었습니다. 매일 학생들과 지내는 것이 매우 즐겁습니다. 만약에 돈이 있다고 내 직업을 포기한다면 나는 인생의 방향을 잃게 되어 생활의 의미가 없어질 것입니다.

단어
- 继续 [jìxù] 동 계속하다
- 手段 [shǒuduàn] 명 수단

- 过程 [guòchéng] 명 과정
- 实现 [shíxiàn] 동 실현하다
- 相处 [xiāngchǔ] 동 지내다

Tip '仅仅'는 '단지, 다만'이라는 뜻의 부사이다. 그러므로 '不仅仅是~而是'는 '단지 ~ 만이 아니라 ~이다'라는 표현이다.
예 这不仅仅是我一个人的功劳，而是大家的功劳。
이것은 단지 나 한 사람의 공로가 아니라 모두의 공로이다.
我对父母的感情不仅仅是爱，而是尊敬。
내가 부모님에 대해 갖는 감정은 단지 사랑만이 아니라 존중이다.

3 질문: 你认为为什么很多人都要当公务员呢?

예시답안: 从'铁饭碗'这个词可以看出来,
cóng 'tiě fàn wǎn' zhè ge cí kě yǐ kàn chū lái,

当公务员十分稳定。
dāng gōng wù yuán shí fēn wěn dìng.

目前经济状况不景气,
mù qián jīng jì zhuàng kuàng bù jǐng qì,

社会竞争太大, 失业率也很高,
shè huì jìng zhēng tài dà, shī yè lǜ yě hěn gāo,

因此就业压力也越来越大。
yīn cǐ jiù yè yā lì yě yuè lái yuè dà.

但是一旦当上了公务员,
dàn shì yī dàn dāng shàng le gōng wù yuán,

那么工资就年年涨, 福利待遇好,
nà me gōng zī jiù nián nián zhǎng, fú lì dài yù hǎo,

不用加班。这些都是一般企业做不到的。
bú yòng jiā bān. zhè xiē dōu shì yì bān qǐ yè zuò bu dào de.

한글해석 질문: 당신은 왜 많은 사람들이 공무원이 되고 싶어 한다고 생각합니까?

예시답안: '철밥통'이라는 단어에서도 알 수 있듯이 공무원이 되는 것은 안정적입니다. 요즘 경제가 좋지 않고 사회경쟁도 심하며 실업률도 높아 취업에 대한 스트레스가 점점 심해집니다. 그러나 일단 공무원만 되면 월급이 해마다 오르고 복리대우도 좋고 야근할 필요도 없습니다. 이것은 모두 일반 기업에서는 할 수 없는 것들입니다.

단어
- 铁饭碗 [tiěfànwǎn] 명 철밥통
- 一旦 [yídàn] 부 일단
- 涨 [zhǎng] 동 오르다
- 福利待遇 [fúlìdàiyù] 명 복리대우
- 提供 [tígōng] 동 제공하다

Tip '동사+不到'는 '~을 달성하지 못하다'는 뜻으로 가능보어의 표현 중 하나이다. 긍정형은 '동사+得到'이다.
예 小明坐在最后一排, 看不到黑板上的字。
샤오밍은 가장 뒷줄에 앉아서 칠판 글씨를 볼 수 없다.
只要努力就没有做不到的事。
노력만 한다면 이루지 못할 일이 없다.

4 질문: 不少人结婚前去算命, 你怎么看待这个现象?

예시답안: 目前科技很发达,
mù qián kē jì hěn fā dá,

人们的生活水平也提高了很多,
rén men de shēng huó shuǐ píng yě tí gāo le hěn duō,

但是还是有很多人结婚之前
dàn shì hái shì yǒu hěn duō rén jié hūn zhī qián

去算命。我不相信算命。
qù suàn mìng. wǒ bù xiāng xìn suàn mìng.

婚姻是人生大事, 所以一定要
hūn yīn shì rén shēng dà shì, suǒ yǐ yí dìng yào

谨慎考虑两个人的性格合不合适,
jǐn shèn kǎo lǜ liǎng ge rén de xìng gé hé bu hé shì,

不能随便相信算命。
bù néng suí biàn xiāng xìn suàn mìng.

拿我姐姐来说, 她结婚之前算过命。
ná wǒ jiě jie lái shuō, tā jié hūn zhī qián suàn guo mìng.

算命的人说两个人结婚的话,
suàn mìng de rén shuō liǎng ge rén jié hūn de huà,

婚后会常常吵架,
hūn hòu huì cháng cháng chǎo jià,

最后一定会离婚。
zuì hòu yí dìng huì lí hūn.

但是现在他们生活得很幸福。
dàn shì xiàn zài tā men shēng huó de hěn xìng fú.

所以我绝不相信算命。
suǒ yǐ wǒ jué bù xiāng xìn suàn mìng.

한글해석 질문: 많은 사람들이 결혼 전에 점을 보러 갑니다. 이 현상에 대해 어떻게 생각합니까?

예시답안: 요즘 과학 기술이 발달하고 사람들의 생활 수준도 많이 향상되었지만, 여전히 많은 사람들은 결혼하기 이전에 점을 보러 갑니다. 혼인은 인생대사이므로 두 사람의 성격이 맞는지 신중하게 고려해 보아야 하며, 점을 함부로 믿어서는 안 됩니다. 우리 언니의 예를 들어보면, 언니도 결혼 전에 점을 보았습니다. 그 사람이 말하기를 두 사람이 결혼을 하면 자주 다투고 결국 이혼을 하게 된다고 했습니다. 하지만 지금 그들은 행복하게 잘 살고 있습니다. 그래서 저는 절대 점을 믿지 않습니다.

단어
- 算命 [suànmìng] 동 점을 치다
- 科技 [kējì] 명 과학기술
- 婚姻 [hūnyīn] 명 혼인
- 随便 [suíbiàn] 부 함부로
- 吵架 [chǎojià] 동 말다툼하다

Tip '동사+过'는 과거의 경험을 나타내는 표현이다. 부정형은 '没+동사+过'로 '~한 적 없다'는 뜻이다.
예 我来过这家饭店。
나는 이 식당에 온 적이 있다.
我从来没见过这么漂亮的女生。
나는 이제껏 이렇게 예쁜 여자는 본 적이 없다.

실전 모의고사 답안

第六部分: 情景应对

1

질문 你的一个朋友为送中国人礼物而很郁闷。
你帮她朋友出一个主意吧。

예시답안 我听说过中国人喜欢
wǒ tīng shuō guò zhōng guó rén xǐ huan

韩国的东西。
hán guó de dōng xi.

我觉得送他一个
wǒ jiào dé sòng tā yí ge

能代表韩国的东西好。
néng dài biǎo hán guó de dōng xi hǎo.

比如说, 人参、紫菜、
bǐ rú shuō, rén shēn、zǐ cài、

海带或者小工艺品。
hǎi dài huò zhě xiǎo gōng yì pǐn.

要是他结婚了, 那么准备一个
yào shì tā jié hūn le, nà me zhǔn bèi yí ge

给他爱人和孩子的礼物也不错。
gěi tā ài rén hé hái zi de lǐ wù yě bú cuò.

中国女生喜欢韩国化妆品,
zhōng guó nǚ shēng xǐ huan hán guó huà zhuāng pǐn,

所以给他爱人买一套化妆品,
suǒ yǐ gěi tā ài rén mǎi yí tào huà zhuāng pǐn,

给他孩子买一些学习用品也可以。
gěi tā hái zi mǎi yì xiē xué xí yòng pǐn yě kě yǐ.

我的主意怎么样?
wǒ de zhǔ yì zěn me yang?

한글해석
질문: 당신의 친구가 중국 사람에게 선물하는 일로 고민하고 있습니다. 친구에게 당신의 아이디어를 제시해 보세요.
예시답안: 듣자하니 중국 사람들이 한국 물건을 좋아한다던데 그에게 한국을 대표하는 물건을 선물하는 것이 좋을 것 같아. 예를 들면 인삼, 김, 미역, 혹은 공예품 등 말이야. 만약에 그가 결혼했다면 그의 아내와 아이에게 줄 선물을 준비하는 것도 좋겠다. 중국 여성들이 한국 화장품을 좋아하니까 그의 아내에게 화장품 한 세트를 선물하고 그의 아이에게 학용품을 선물해도 되고. 내 생각이 어때?

단어
- 郁闷 [yùmèn] 형 답답하다
- 代表 [dàibiǎo] 동 대표하다
- 人参 [rénshēn] 명 인삼
- 紫菜 [zǐcài] 명 김
- 化妆品 [huàzhuāngpǐn] 명 화장품

Tip '听说'는 '듣자하니'라는 뜻으로 '~의 말을 듣자하니'의 표현은 '听+대상+说'로 나타낸다.
예 听说他已经回国了。
듣자하니 그는 이미 귀국을 했다고 한다.
听天气预报说明天下大雪。
일기예보를 듣자하니 내일 눈이 많이 내린다고 한다.

2

질문 你要去机场坐飞机。现在离起飞时间还有一个半小时, 可是路上堵车。请你告诉司机快点儿走。

예시답안 司机叔叔, 能快一点儿吗?
sī jī shū shu, néng kuài yì diǎnr ma?

我知道现在是上班时间
wǒ zhī dào xiàn zài shì shàng bān shí jiān

所以路上很堵,
suǒ yǐ lù shàng hěn dǔ,

不过我一定得赶上10点的飞机。
bú guò wǒ yí dìng děi gǎn shàng shí diǎn de fēi jī.

现在离起飞时间还有1个半小时。
xiàn zài lí qǐ fēi shí jiān hái yǒu yí ge bàn xiǎo shí.

麻烦您查一下地图, 看看有没有近路。
má fan nín chá yí xià dì tú, kàn kàn yǒu méi yǒu jìn lù.

要是有近路的话, 请你抄个近路吧。
yào shì yǒu jìn lù de huà, qǐng nǐ chāo gè jìn lù ba.

尽量快一点儿吧。
jǐn liàng kuài yì diǎnr ba.

한글해석
질문: 당신이 공항에 비행기를 타러 갑니다. 현재 이륙 시간은 한 시간 반 남았는데 차가 막힙니다. 운전기사에게 빨리 가달라고 말해 보세요.
예시답안: 기사 아저씨, 좀 빨리 가 주실 수 있나요? 지금 출근 시간이라 길이 많이 막히는 건 알지만 제가 10시 비행기를 꼭 타야 해요. 지금 이륙시간이 한 시간 반 남았어요. 죄송하지만 지도에서 지름길이 있는지 봐 주세요. 만약에 지름길이 있으면 그 길로 가 주세요. 가능한 한 빨리 가주세요.

단어
- 司机 [sījī] 명 기사
- 赶上 [gǎnshàng] 동 시간에 대다
- 起飞 [qǐfēi] 동 이륙하다
- 查 [chá] 동 찾아보다
- 抄近路 [chāojìnlù] 지름길로 가다

Tip '离'는 '~로부터, ~에서'라는 뜻의 전치사로 공간상 또는 시간상의 간격을 나타낸다.
예 我住在离地铁站不远的地方。
나는 지하철에서 멀지 않은 곳에 산다.
离期末考试还有一个星期。
기말고사가 일주일 남았다.

3

질문 你的一个朋友失恋了, 他现在非常难过。请你安慰安慰他吧。

예시답안 别这么伤心了。想开一点儿吧。
bié zhè me shāng xīn le. xiǎng kāi yì diǎnr ba.

我也有过失恋的经验。
wǒ yě yǒu guo shī liàn de jīng yàn.

当时, 我也像你这样伤心难过,
dāng shí, wǒ yě xiàng nǐ zhè yàng shāng xīn nán guò,

甚至觉得我是世界上最无能的人。
shèn zhì jué dewǒ shì shì jiè shàng zuì wú néng de rén.

不过后来我明白了
bú guò hòu lái wǒ míng bai le

感情的问题不能勉强。
gǎn qíng de wèn tí bù néng miǎn qiǎng.

时间是最好的良药。时间长了,
shí jiān shì zuì hǎo de liáng yào. shí jiān cháng le,

你就会遇到真正的缘分。
nǐ jiù huì yù dào zhēn zhèng de yuán fèn.

别这么傻了,快点儿打起精神来吧。
bié zhè me shǎ le, kuài diǎnr dǎ qǐ jīng shén lái ba.

한글 해석
질문: 당신의 친구가 실연을 당해 매우 괴로워합니다. 친구를 위로해 주세요.
예시답안: 너무 슬퍼하지 마. 빨리 털어버려. 나도 실연당한 경험이 있어. 그 때 나도 너와 같이 슬프고 내가 이 세상에서 제일 무능한 사람처럼 느껴지기까지 했어. 하지만 그 후 감정 문제는 강요할 수 없다는 걸 알았어. 시간이 약이야. 시간이 지나면 너의 진정한 인연을 만나게 될 거야. 바보처럼 굴지 말고 빨리 정신 차려.

단어
- 失恋 [shīliàn] 동 실연당하다
- 经验 [jīngyàn] 명 경험
- 无能 [wúnéng] 형 무능하다
- 勉强 [miǎnqiǎng] 형 억지로 ~하다
- 缘分 [yuánfèn] 명 인연

Tip '起来'는 동사 뒤에서 동작의 방향을 나타내는 복합방향보어이다. 이 때 동작이 이미 발생한 경우에는 '동사+방향보어1+방향보어2+목적어'로, 발생하지 않은 경우에는 '동사+방향보어1+목적어+방향보어2'로 나타낸다.

예 妈妈买回来了一斤苹果。
엄마는 사과를 한 근 사오셨다.

探病的时候买一斤苹果去吧。
병문안하러 갈 때 사과 한 근 사가지고 가세요.

第七部分: 看图说话

예시답안
小明很胖,所以一般在商店
xiǎo míng hěn pàng, suǒ yǐyì bān zài shāng diàn

买的衣服他都不能穿。
mǎi de yī fu tā dōu bù néng chuān.

有一天, 他在网上买了大号的衣服。
yǒu yì tiān, tā zài wǎng shàng mǎi le dà hào de yī fu.

几天后, 衣服送来了。
jǐ tiān hòu, yī fu sòng lái le.

但是因为小明太胖,
dàn shì yīn wèi xiǎo míng tài pàng,

所以连这件衣服也穿不进去了。
suǒ yǐ lián zhè jiàn yī fu yě chuān bú jìn qù le.

小明很灰心, 他下决心一定要
xiǎo míng hěn huī xīn, tā xià jué xīn yí dìng yào

减肥成功。小明先计划好
jiǎn féi chéng gōng. xiǎo míng xiān jì huà hǎo

从7月份开始节食, 运动。
cóng qī yuè fèn kāi shǐ jié shí, yùn dòng.

到了12月的时候,
dào le shí 'èr yuè de shí hou,

他瘦了不少。他想试穿
tā shòu le bù shǎo. tā xiǎng shì chuān

以前在网上买的衣服,
yǐ qián zài wǎng shàng mǎi de yī fu,

没想到因为他瘦了很多
méi xiǎng dào yīn wèi tā shòu le hěn duō

所以衣服变大了。
suǒ yǐ yī fu biàn dà le.

한글 해석
예시답안: 샤오밍은 뚱뚱하다. 그래서 일반 상점에서 사는 옷은 입을 수가 없다. 어느 날 샤오밍은 인터넷으로 큰 사이즈의 옷을 구매했다. 며칠 후 옷이 배달되었다. 그러나 샤오밍이 너무 뚱뚱해서 옷이 들어가지 않아 낙심했다. 샤오밍은 다이어트에 성공하리라 결심하였다. 그는 먼저 7월부터 절식과 운동을 시작할 계획을 세웠다. 12월이 되었다. 샤오밍은 살이 많이 빠졌다. 그는 예전에 인터넷에서 산 옷을 입어보고 싶어졌다. 뜻밖에도 그가 살이 많이 빠져서 옷이 커졌다.

단어
- 穿 [chuān] 동 입다
- 灰心 [huīxīn] 동 낙심하다
- 减肥 [jiǎnféi] 동 다이어트하다
- 节食 [jiéshí] 동 절식하다
- 瘦 [shòu] 형 마르다

Tip '连~都/也~'는 '~조차도~하다.'라는 뜻이다.
예 最近工作很忙, 连喝水的时间也没有。
요즘 일이 바빠서 물 마실 시간조차 없다.
这道题连老师也不知道答案, 我怎么知道啊?
이 문제는 선생님도 답안을 모르시는데 내가 어떻게 알아?

실전 모의고사 2

第二部分: 看图回答

1 질문: 他在坐几路公共汽车?
예시답안: 他在坐701路公共汽车。
tā zài zuò qī líng yāo lù gōng gòng qì chē.

한글 해석
질문: 그는 몇 번 버스를 타고 있습니까?
예시답안: 그는 701번 버스를 타고 있어요.

단어
- 在 [zài] 부 ~하는 중이다
- 坐 [zuò] 동 타다
- 几 [jǐ] 수 몇, 얼마
- 路 [lù] 명 (버스) 번호
- 公共汽车 [gōnggòngqìchē] 명 버스

실전 모의고사 답안

Tip | 버스번호를 말할 때에는 '버스번호+路'로 말한다. 또 두 자리 숫자는 숫자 읽는 법으로 말하는 반면, 100 이상의 번호는 숫자 읽는 법으로 읽거나 한 자리씩 읽을 수 있다.
예) 88路: 八十八路
　　301路: 三百零一路 / 三零幺路

2
질문 哪双鞋更大?
예시답안 左边的鞋比右边的大4号。
zuǒ biān de xié bǐ yòu biān de dà sì hào.

한글해석 | 질문: 어느 신발이 더 큰가요?
예시답안: 왼쪽 신발이 오른쪽 신발보다 4치수 더 큽니다.

단어
- 双 [shuāng] 양 켤레
- 鞋 [xié] 명 신발
- 更 [gèng] 부 훨씬
- 大 [dà] 형 크다
- 号 [hào] 명 호, 사이즈

Tip | '双'은 '짝, 켤레, 쌍'이라는 뜻으로 두 개씩 쌍을 이루는 사물을 세는 양사이다.
예) 你去厨房拿一双筷子来吧。
　　주방에 가서 젓가락 한 짝을 가져오렴.
　　我要买一双白色的袜子。
　　나는 흰색 양말 한 켤레를 사고 싶다.

3
질문 电脑的旁边有什么?
예시답안 电脑的右边是电话, 左边是钥匙。
diàn nǎo de yòu biān shì diàn huà, zuǒ biān shì yào shi.

한글해석 | 질문: 컴퓨터 옆에 무엇이 있나요?
예시답안: 컴퓨터 오른쪽에는 전화가 있고 왼쪽에는 열쇠가 있어요.

단어
- 电脑 [diànnǎo] 명 컴퓨터
- 旁边 [pángbiān] 명 옆쪽
- 有 [yǒu] 동 있다
- 电话 [diànhuà] 명 전화
- 钥匙 [yàoshi] 명 열쇠

Tip | '是'는 '장소+是+구체적인 것'의 형태로 말할 수 있고 이는 사람이나 사물의 존재를 나타낸다.
예) 邮局的对面是北京医院。
　　우체국 맞은편에는 베이징병원이 있다.
　　我前边是小李, 后边是小明。
　　내 앞에는 샤오리가 있고 뒤에는 샤오밍이 있다.

4
질문 他们在操场上打太极拳吗?
예시답안 不, 他们在操场上跑步。
bù, tā men zài cāo chǎng shàng pǎo bù.

한글해석 | 질문: 그들은 운동장에서 태극권을 하나요?
예시답안: 아니요, 그들은 운동장에서 달리기를 해요.

단어
- 操场 [cāochǎng] 명 운동장
- 打 [dǎ] 동 ~하다
- 太极拳 [tàijíquán] 명 태극권
- 不 [bù] 부 아니다
- 跑步 [pǎobù] 동 달리다

Tip | '태극권을 하다'의 동사는 '打'이다. 이처럼 손을 사용하는 운동은 대부분 '打'로 말하고, 발을 사용하는 운동은 '踢'를 쓴다.

打网球	테니스를 치다	打棒球	야구를 하다
打高尔夫球	골프를 치다	打羽毛球	배드민턴을 치다
打乒乓球	탁구를 치다	踢足球	축구를 하다
打网球	배구를 하다		

第三部分: 快速回答

1
질문 你怎么了? 这些菜不合你的口味儿吗?
예시답안 不是, 菜很好吃。只不过是因为
bú shì, cài hěn hǎo chī. zhǐ bú guò shì yīn wèi
我感冒了, 所以没有胃口而已。
wǒ gǎn mào le, suǒ yǐ méi yǒu wèi kǒu ér yǐ.

한글해석 | 질문: 왜 그래요? 이 요리들이 입맛에 안 맞아요?
예시답안: 아니에요, 요리는 맛있어요. 단지 제가 감기에 걸려서 식욕이 없을 뿐이에요.

단어
- 怎么了 [zěnmele] 무슨 일이에요?
- 合 [hé] 동 부합하다
- 口味儿 [kǒuwèir] 명 입맛
- 感冒 [gǎnmào] 동 감기에 걸리다
- 胃口 [wèikǒu] 명 식욕

Tip | '只不过~而已'는 '단지 ~일 뿐이다'라는 뜻으로, '而已' 대신 '罢了'를 사용하여 말할 수 있다.
예) 我只不过说说而已。 그냥 말해 본 것뿐이야.
　　我只不过来看看你罢了。
　　나는 단지 너를 보러 온 것뿐이야.

2
질문 我可以试一试吗?
예시답안 当然可以呀。这是最近很流行的,
dāng rán kě yǐ ya. zhè shì zuì jìn hěn liú xíng de,
还有其他的颜色。
hái yǒu qí tā de yán sè.
你想试穿哪个颜色的?
nǐ xiǎng shì chuān nǎ ge yán sè de?

한글해석 | 질문: 제가 입어봐도 될까요?
예시답안: 당연히 입어보셔도 되죠. 이것은 요즘 가장 유행하는 것인데 다른 색깔도 있어요. 어떤 색깔로 입어보시겠어요?

단어
- 可以 [kěyǐ] 동 ~해도 좋다
- 试 [shì] 동 시도하다
- 当然 [dāngrán] 부 당연히
- 流行 [liúxíng] 동 유행하다
- 颜色 [yánsè] 명 색깔

Tip 조동사 '可以'는 '~해도 좋다'는 뜻으로 허가를 나타낸다. 허가할 때에는 '可以' 또는 '行'으로, 허가하지 않을 때에는 '不可以' 또는 '不行'으로 말할 수 있다.
예 写完作业才可以睡觉。
숙제를 끝내야만 잘 수 있다.
我可以用一下你的电子辞典吗？
내가 너의 전자사전을 사용해도 될까？

3 질문 请问，邮局怎么走？

예시답안 一直往前走，
yì zhí wǎng qián zǒu,

到丁字路口往右拐就是。
dào dīng zì lù kǒu wǎng yòu guǎi jiù shì.

走10分钟就能到。
zǒu shí fēn zhōng jiù néng dào.

한글해석 질문: 말씀 좀 묻겠습니다. 우체국은 어떻게 가나요?
예시답안: 곧장 앞으로 가세요. 삼거리에 도착해서 오른쪽으로 돌면 바로 있어요. 걸어서 10분이면 도착할 수 있어요.

단어
- 请问 [qǐngwèn] 동 말씀 좀 묻겠습니다
- 邮局 [yóujú] 명 우체국
- 一直 [yìzhí] 부 곧장
- 往 [wǎng] 전 ~을 향하여
- 丁字路口 [dīngzìlùkǒu] 명 삼거리

Tip '往'은 '~쪽으로, ~을 향하여'라는 뜻으로 방향을 나타내는 전치사이다.
예 人往高处走，水往低处流。
사람은 높은 곳을 향해 가고 물은 낮은 곳으로 흐른다.
别往心里去。 마음에 두지 말아요.

4 질문 我刚下班了，现在在回家的路上。你需要什么？我买回去。

예시답안 你正好给我打来电话了。
nǐ zhèng hǎo gěi wǒ dǎ lái diàn huà le.

你去超市买一瓶酱油回来吧。
nǐ qù chāo shì mǎi yì píng jiàng yóu huí lái ba.

한글해석 질문: 저는 막 퇴근해서 집에 가는 길이에요. 필요한 거 있나요? 내가 사갈게요.
예시답안: 당신 딱 마침 전화를 했네요. 슈퍼에 가서 간장 한 병 사오세요.

단어
- 回家 [huíjiā] 동 집에 가다
- 需要 [xūyào] 동 필요하다
- 正好 [zhènghǎo] 부 마침

- 超市 [chāoshì] 명 슈퍼
- 酱油 [jiàngyóu] 명 간장

'正好'는 형용사로 '딱맞다, 꼭 맞다'는 뜻이지만 '마침'이라는 부사로 쓰이기도 한다.
예 你来得正好。
너 마침 잘 왔어.
我正好有一点儿钱，先借给你吧。
내가 마침 돈이 조금 있으니 먼저 너에게 빌려줄게.

5 질문 麻烦你给我看一下，我填得对不对？

예시답안 写得对。不过，请你把电话号码
xiě de duì. bú guò, qǐng nǐ bǎ diàn huà hào mǎ

写得再清楚一点儿吧。
xiě de zài qīng chu yì diǎnr ba.

한글해석 질문: 실례지만 한 번 봐 주세요, 제가 맞게 썼나요?
예시답안: 맞아요. 하지만 전화번호를 좀 더 분명하게 써 주세요.

단어
- 麻烦 [máfan] 동 폐를 끼치다
- 填 [tián] 동 기입하다
- 把 [bǎ] 전 ~을
- 写 [xiě] 동 쓰다
- 清楚 [qīngchu] 형 분명하다

Tip 상대방에게 무엇인가 부탁을 할 때에는 먼저 '麻烦你~' 혹은 '请你~'를 사용하여 예의를 갖추는 것이 좋다. '麻烦你~'가 '请你~'보다 더 공손한 표현이다.
예 麻烦你把水递给我好吗？
실례지만 물 좀 건네주시겠어요？
请你把这封信交给小李吧。
실례지만 이 편지를 샤오리에게 전해 주세요.

第四部分：简短回答

1 질문 买衣服的时候最看重的是什么？

예시답안 买衣服的时候我最看重的不是价钱，
mǎi yī fu de shí hou wǒ zuì kàn zhòng de bú shì jià qián,

也不是流行而是款式和颜色。
yě bú shì liú xíng ér shì kuǎn shì hé yán sè.

因为我觉得每个人的身材和肤色
yīn wèi wǒ jué de měi ge rén de shēn cái hé fū sè

都不同，所以不能盲目地追流行。
dōu bù tóng, suǒ yǐ bù néng máng mù de zhuī liú xíng.

拿我来说，我个子不高，也有点儿胖，
ná wǒ lái shuō, wǒ gè zi bù gāo, yě yǒu diǎnr pàng,

所以一般不买紧身的裤子。
suǒ yǐ yì bān bù mǎi jǐn shēn de kù zi.

因为穿紧身裤子的话，
yīn wèi chuān jǐn shēn kù zi de huà,

我的腿看起来会更胖更短。
wǒ de tuǐ kàn qǐ lái huì gèng pàng gèng duǎn.

실전 모의고사 답안

我皮肤很白，所以不管什么颜色
wǒ pí fū hěn bái, suǒ yǐ bù guǎn shén me yán sè
都很合适。不过我喜欢像粉红色、
dōu hěn hé shì. bú guò wǒ xǐ huan xiàng fěn hóng sè、
天蓝色这样柔和的色彩，
tiān lán sè zhè yàng róu hé de sè cǎi,
所以常常买这些颜色的衣服。
suǒ yǐ cháng cháng mǎi zhè xiē yán sè de yī fu.

한글 해석
질문: 옷을 살 때 가장 중요하게 생각하는 것이 무엇인가요?
예시답안: 옷을 살 때 내가 가장 중요하게 생각하는 것은 가격도 아니고 유행도 아닌, 디자인과 색깔입니다. 왜냐하면, 사람들의 몸매와 피부색이 다르므로 맹목적으로 유행을 쫓아서는 안 된다고 생각하기 때문입니다. 저의 경우를 예를 들면, 저는 키가 작고 조금 통통합니다. 그래서 보통 딱 붙는 바지는 사지 않습니다. 왜냐하면, 딱 붙는 바지를 입으면 내 다리가 더 굵고 짧아 보이기 때문입니다. 또 제 피부는 하얗습니다. 그래서 무슨 색깔이든 잘 어울립니다. 하지만 저는 분홍색, 하늘색과 같은 파스텔색을 좋아해서 이런 색깔의 옷을 자주 삽니다.

단어
- 价钱 [jiàqián] 명 가격
- 款式 [kuǎnshì] 명 디자인
- 追流行 [zhuīliúxíng] 동 유행을 쫓다
- 合适 [héshì] 형 어울리다
- 柔和的色彩 [róuhédesècǎi] 명 파스텔색

Tip '盲目地+동사'는 '맹목적으로 ~하다'는 표현이다.
예) 不要盲目地听从别人的话。
다른 사람의 말을 맹목적으로 듣지 말아라.
他盲目地买股票。
그는 무작정 주식을 산다.

2
질문: 你觉得为了解决上下班堵车的问题该怎么做?

예시답안:
导致上下班堵车问题的原因
dǎo zhì shàng xià bān dǔ chē wèn tí de yuán yīn

有以下几个。
yǒu yǐ xià jǐ ge.

第一，私家车太多。
dì yī, sī jiā chē tài duō.

第二，公共交通不完善。
dì èr, gōng gòng jiāo tōng bù wán shàn.

第三，道路不够多，管理也不够合理。
dì sān, dào lù bú gòu duō, guǎn lǐyěbú gòu hé lǐ.

因此政府要为解决这些问题而努力。
yīn cǐ zhèng fǔ yào wèi jiě jué zhè xiē wèn tí ér nǔ lì.

上下班时间限制私家车的数量，
shàng xià bān shí jiān xiàn zhì sī jiā chē de shù liàng,

完善公共交通，
wán shàn gōng gòng jiāo tōng,

要合理改造道路并增加
yào hé lǐ gǎi zào dào lù bìng zēng jiā

公交车专用通道。
gōng jiāo chē zhuān yòng tōng dào.

这样就可以慢慢解决
zhè yàng jiù kě yǐ màn manr jiě jué

上下班堵车的问题。
shàng xià bān dǔ chē de wèn tí.

한글 해석
질문: 출퇴근 시간에 차가 막히는 문제를 해결하려면 어떻게 해야 할까요?
예시답안: 출퇴근 시간에 차가 막히는 원인은 다음과 같습니다. 첫째, 개인 자가용이 너무 많습니다. 둘째, 대중교통이 잘 갖춰져 있지 않습니다. 셋째, 도로가 충분하지 않고 관리도 비합리적입니다. 그러므로 정부는 이 문제들을 해결하기 위해 노력해야 합니다. 출퇴근 시간에 개인 자가용의 수량을 제한하고 대중교통 시설을 잘 갖추고 도로를 합리적으로 개조하고 버스 전용도로를 증가시키는 것입니다. 이렇게 하면 출퇴근 시간에 차가 막히는 문제를 점차 해결해 나갈 수 있습니다.

단어
- 堵车 [dǔchē] 동 차가 막히다
- 公共交通 [gōnggòngjiāotōng] 명 대중교통
- 限制 [xiànzhì] 동 제한하다
- 完善 [wánshàn] 형 완벽하다
- 改造 [gǎizào] 동 개조하다

Tip '不够'는 수량이나 정도가 요구에 '미치지 못하다, 충분하지 않다'는 뜻의 동사로 '不够+동사/형용사'의 형태로 자주 사용된다.
예) 这条裙子不够长。이 치마는 충분히 길지 않다.
看问题不够正确。문제를 보는 것이 정확하지 않다.

3
질문: 退休以后，你打算做什么?

예시답안:
我退休后要做一些又可以发挥
wǒ tuì xiū hòu yào zuò yì xiē yòu kě yǐ fā huī

自身才能，又可以帮助别人的事情。
zì shēn cái néng, yòu kě yǐ bāng zhù bié rén de shì qing.

如果不用继续挣钱的话
rú guǒ bú yòng jì xù zhèng qián de huà

就要培养一些年轻的时候
jiù yào péi yǎngyì xiē nián qīng de shí hou

因为没有时间而没能发展的
yīn wèi méi yǒu shí jiān ér méi néng fā zhǎn de

兴趣爱好。比如说，爬山、旅游、
xìng qù ài hǎo. bǐ rú shuō, pá shān、lǚ yóu、

画画儿、写字、阅读等等。总之，
huà huàr、xiě zì、yuè dúděng děng. zǒng zhī,

我觉得退休后的生活要松紧适度，
wǒ jué detuì xiū hòu de shēng huó yào sōng jǐn shì dù,

否则整天在家没有事情做，
fǒu zé zhěng tiān zài jiā méi yǒu shì qing zuò,

生活会变得很无聊、空虚。
shēng huó huì biàn de hěn wú liáo, kōng xū.

한글 해석
질문: 퇴직 이후 당신은 무엇을 할 계획입니까?
예시답안: 나는 퇴직한 후 내 능력을 발휘할 수 있고 또 다른 사람을 도와줄 수 있는 일을 하고 싶습니다. 만약 돈을 벌지 않아도 된다면 등산, 여행, 그림 그리기, 서예, 독서 등 젊은 시절에 시간이 없어서 하지 못 했던 취미들을 즐기고 싶습니다. 총괄적으로 말하면, 퇴직 이후의 생활은 적당한 긴장이 있어야 합니다. 그렇지 않고 온종일 하는 일 없이 집에만 있으면 생활이 무료하고 공허해질 것입니다.

단어
- 优势 [yōushì] 명 우세
- 挣钱 [zhèngqián] 동 돈을 벌다
- 兴趣爱好 [xìngqùàihào] 취미와 애호
- 松紧适度 [sōngjǐnshìdù] 느슨함과 팽팽한 정도가 적당하다
- 空虚 [kōngxū] 형 공허하다

Tip '否则'는 '만약 그렇지 않으면'이라는 뜻의 접속사로 '要不然'과 바꾸어 말할 수 있다.
예) 快点儿出发吧, 否则会赶不上火车的。
빨리 출발합시다, 그렇지 않으면 기차를 놓칠 거예요.
你多穿点儿衣服吧。否则会感冒的。
옷을 좀 많이 입어라, 그렇지 않으면 감기에 걸릴 거야.

4 질문: 你追求的真正的幸福是什么？
예시답안:
每个人都渴望着幸福,
měi ge rén dōu kě wàng zhe xìng fú,
但却觉得幸福好像是
dàn què jué dexìng fú hǎo xiàng shì
永远也得不到的东西。
yǒng yuǎn yě dé bú dào de dōng xi.
但我觉得真正的幸福就在于
dàn wǒ jué dezhēn zhèng de xìng fú jiù zài yú
自己的心态。要是你满足于现在的生活
zì jǐ de xīn tài. yào shì nǐ mǎn zú yú xiàn zài de shēng huó
并且懂得感恩, 就会觉得很幸福。
bìng qiě dǒng dé gǎn ēn, jiù huì jué dehěn xìng fú.
我追求的幸福是平凡而和睦的
wǒ zhuī qiú de xìng fú shì píng fán ér hé mù de
家庭生活。家人都健康相爱,
jiā tíng shēng huó. jiā rén dōu jiàn kāng xiāng ài,
这就是真正的幸福。
zhè jiù shì zhēn zhèng de xìng fú.

한글 해석
질문: 당신이 추구하는 진정한 행복은 무엇입니까?
예시답안: 모든 사람은 행복을 갈망하지만, 행복은 영원히 가질 수 없는 것이라고 생각합니다. 그러나 저는 진정한 행복은 자신의 마음가짐에 달렸다고 생각합니다. 만약에 당신이 현재의 생활에 만족하고 감사한다면 행복을 느낄 것입니다. 내가 추구하는 행복은 평범하고 화목한 가정입니다. 가족이 모두 건강하고 서로 사랑하는 것이 바로 진정한 행복입니다.

단어
- 渴望 [kěwàng] 동 갈망하다
- 得不到 [débúdào] 얻을 수 없다
- 心态 [xīntài] 명 마음가짐
- 平凡 [píngfán] 형 평범하다
- 和睦 [hémù] 형 화목하다

Tip '于'는 범위나 시간을 이끌어 내며 '在'에 상응하는 뜻을 가진 전치사이다. 그러므로 '满足于'는 '~에 만족하다'는 표현이다.
예) 我满足于稳定的工作。나는 안정된 직장에 만족한다.
他正忙于写毕业论文。그는 졸업논문을 쓰느라 바쁘다.

5 질문: 你做过的最满意的事情是什么？
예시답안:
我做过的最满意的事情就是学汉语。
wǒ zuò guo de zuì mǎn yì de shì qing jiù shì xué hàn yǔ.
三年前我刚进公司的时候,
sān nián qián wǒ gāng jìn gōng sī de shí hou,
公司里来了一位中国客户。
gōng sī lǐ lái le yí wèi zhōng guó kè hù.
当时我一点儿也不会说汉语,
dāng shí wǒ yì diǎnr yě bú huì shuō hàn yǔ,
所以听不懂他们在说什么。
suǒ yǐ tīng bù dǒng tā men zài shuō shén me.
那天我下决心要学汉语,
nà tiān wǒ xià jué xīn yào xué hàn yǔ,
所以一下班就去汉语补习班报名
suǒ yǐ yí xià bān jiù qù hàn yǔ bǔ xí bān bào míng
开始学习汉语了。即使工作再忙
kāi shǐ xué xí hàn yǔ le. jí shǐ gōng zuò zài máng
我也坚持学习了三年汉语。
wǒ yě jiān chí xué xí le sān nián hàn yǔ.
现在我取得了汉语水平考试5级的
xiàn zài wǒ qǔ dé le hàn yǔ shuǐ píng kǎo shì wǔ jí de
成绩, 而且公司来了中国客户的话
chéng jì, ér qiě gōng sī lái le zhōng guó kè hù de huà,
经理就让我去招待他们。
jīng lǐ jiù ràng wǒ qù zhāo dài tā men.

한글 해석
질문: 당신이 한 일 중 가장 만족하는 일은 무엇입니까?
예시답안: 내가 한 일 중 가장 만족하는 일은 바로 중국어를 배운 것입니다. 3년 전 내가 갓 회사에 입사했을 때 회사에 중국 고객이 한 분 왔습니다. 그 당시 저는 중국어를 조금도 할 줄 몰라 그들이 무슨 이야기를 하는지 알 수 없었습니다. 그 날 저는 중국어를 배우기로 마음먹었습니다. 퇴근하자마자 저는 중국어 학원에 등록하고 중국어 공부를 시작했습니다. 설령 일이 바빠도 3년 동안 꾸준히 공부했습니다. 현재 저는 HSK 5급을 취득하였을 뿐만 아니라 회사에 중국 고객이 오면 사장님은 저에게 접대하도록 하십니다.

단어
- 听不懂 [tīngbudǒng] 동 알아 듣지 못하다
- 下决心 [xiàjuéxīn] 결심하다
- 补习班 [bǔxíbān] 명 학원

실전 모의고사 답안

- 报名 [bàomíng] 동 등록하다
- 坚持 [jiānchí] 동 꾸준히 하다

Tip '一点儿也不+동사'는 '조금도 ~하지 않다'는 고정표현이므로 잘 알아두자.
예) 他工作起来一点儿也不马虎。
그는 일을 시작하면 대충하지 않는다.
我其实一点儿也不高兴。
나는 사실 조금도 기쁘지 않다.

단어
- 自信心 [zìxìnxīn] 명 자신감
- 风险 [fēngxiǎn] 명 위험
- 副作用 [fùzuòyòng] 명 부작용
- 外貌 [wàimào] 명 외모
- 年薪 [niánxīn] 명 연봉

Tip '通过'는 '~을 통과하다, 지나가다'는 뜻의 동사이지만 '~을 통하여, ~을 거쳐서'라는 전치사로도 쓰인다.
예) 通过几次讨论才做出了决定。
몇 번의 토론을 거쳐 겨우 결정을 했다.
通过3年的努力, 我们都顺利地考上了大学。
3년간의 노력을 통해 우리는 모두 대학에 합격했다.

第五部分：拓展回答

1 질문 你对整容手术有什么看法?

예시답안 我认为整容手术会帮助人们
wǒ rèn wéi zhěng róng shǒu shù huì bāng zhù rén men
提高自信心和满足感。
tí gāo zì xìn xīn hé mǎn zú gǎn.
虽然整容手术有一定的风险
suī rán zhěng róng shǒu shù yǒu yídìng de fēng xiǎn
和副作用，但是越来越多的人
hé fù zuò yòng, dàn shì yuè lái yuè duō de rén
还是选择做整容手术。
hái shì xuǎn zé zuò zhěng róng shǒu shù.
我觉得这是因为现在社会
wǒ jué de zhè shì yīn wèi xiàn zài shè huì
特别看重外貌。举个例子来说吧。
tè bié kàn zhòng wài mào. jǔ ge lì zi lái shuō ba.
找工作的时候外貌会起到
zhǎo gōng zuò de shí hou wài mào huì qǐ dào
很大的作用。我在新闻上
hěn dà de zuò yòng. wǒ zài xīn wén shàng
还看到过长得漂亮与否
hái kàn dào guo zhǎng de piào liàng yǔ fǒu
会影响到年薪的调查。
huì yǐng xiǎng dào nián xīn de diào chá.
总的来说, 要是通过整容手术
zǒng de lái shuō, yào shì tōng guò zhěng róng shǒu shù
可以找回自信心的话,
kě yǐ zhǎo huí zì xìn xīn de huà,
我赞同做整容手术。
wǒ zàn tóng zuò zhěng róng shǒu shù.

한글해석
질문: 당신은 성형수술에 대해 어떻게 생각합니까?
예시답안: 저는 성형수술은 사람들이 자신감과 만족감을 향상시켜 준다고 생각합니다. 비록 성형수술은 어느 정도의 위험과 부작용이 있기는 하지만 점점 많은 사람들이 성형수술을 합니다. 그것은 이 사회가 외모를 중시하기 때문이라고 생각합니다. 예를 들면, 일을 찾을 때 외모는 굉장히 큰 작용을 합니다. 신문에서는 얼굴이 예쁜 정도가 그들의 연봉에도 영향을 미친다는 조사를 본 적 있습니다. 한마디로 말해서 성형수술을 통해 자신감을 되찾을 수 있다면 저는 성형수술에 동의합니다.

2 질문 你认为能实现真正的男女平等吗?

예시답안 我认为真正的男女平等
wǒ rèn wéi zhēn zhèng de nán nǚ píng děng
只有在承认男女的不同、
zhǐ yǒu zài chéng rèn nán nǚ de bú tóng、
并且能够互相理解、
bìng qiě néng gòu hù xiāng lǐ jiě、
互相帮助的情况下才能实现。
hù xiāng bāng zhù de qíng kuàng xià cái néng shí xiàn.
首先男女在生理和心理上
shǒu xiān nán nǚ zài shēng lǐ hé xīn lǐ shàng
存在着很大的差异。
cún zài zhe hěn dà de chā yì.
女生先天弱于男生, 而男生
nǚ shēng xiān tiān ruò yú nán shēng, ér nán shēng
先天则没有女生细心周到。
xiān tiān zé méi yǒu nǚ shēng xì xīn zhōu dào.
因此, 男女之间没有可比性。
yīn cǐ, nán nǚ zhī jiān méi yǒu kě bǐ xìng.
只有接受男女的不同之处,
zhǐ yǒu jiē shòu nán nǚ de bù tóng zhī chù,
取长补短, 这样才能实现
qǔ cháng bǔ duǎn, zhè yàng cái néng shí xiàn
真正的男女平等。
zhēn zhèng de nán nǚ píng děng.

한글해석
질문: 당신은 진정한 남녀평등을 실현할 수 있다고 생각합니까?
예시답안: 진정한 남녀평등이란 남녀가 다르다는 것을 인정하고 서로 이해하고 도와줄 때 실현할 수 있다고 생각합니다. 우선 남자와 여자는 생리적, 심리적으로 큰 차이를 가지고 있습니다. 여성은 선천적으로 남자보다 약하고 남자는 선천적으로 여자만큼 세심하지 못합니다. 그러므로 남녀 사이에는 비교할 만한 것이 없습니다. 남녀의 다른 점을 받아들이고 서로의 단점을 보완해야지만 진정한 남녀평등이 이루어지리라 생각합니다.

단어
- 实现 [shíxiàn] 동 실현하다
- 细心 [xìxīn] 형 세심하다
- 周到 [zhōudào] 형 면밀하다

- 可比性 [kěbǐxìng] 비교성
- 取长补短 [qǔchángbǔduǎn] 장점을 취하고 단점을 보완하다

Tip '没有'는 '없다'는 의미로 존재의 부정을 나타내거나 술어 앞에서 '~않다'는 뜻으로 과거의 경험이나 사실을 부정한다. 그러나 'A没有B+형용사'와 같이 비교문의 형태로 쓰이면 '~만큼 ~하지 않다'는 뜻이다.

예 他没有我大。 그는 나만큼 나이가 많지 않다.
　　这本书没有哪本书那么厚。
　　이 책은 저 책만큼 그렇게 두껍지 않다.

Tip '首先~其次~最后'는 '우선(첫 번째)~, 그다음(두 번째)~, 마지막으로~'는 뜻으로 문장을 순서대로 열거하는 표현이다.

예 要减肥的话, 首先要运动;其次要节食;最后一定要坚持。
다이어트를 하려면 첫째로 운동을 해야 하고 둘째로 절식을 해야 하고 마지막으로 꾸준히 해야 한다.
首先校长讲话, 其次学生代表发言, 最后颁发奖状。
먼저 교장 선생님께서 말씀하시고 그 다음으로 학생 대표가 발표하고 마지막으로 상장 전달이 있겠습니다.

3 질문 你认为人们为什么要运动?

예시답안
运动不只是有利于身体健康,
yùn dòng bù zhǐ shì yǒu lì yú shēn tǐ jiàn kāng,
对心理健康也有很大的帮助。
duì xīn lǐ jiàn kāng yě yǒu hěn dà de bāng zhù.
首先, 运动不仅对人体的
shǒu xiān, yùn dòng bù jǐn duì rén tǐ de
生长发育有利, 还可以提高免疫力。
shēng zhǎng fā yù yǒu lì, hái kě yǐ tí gāo miǎn yì lì.
因此对于青少年来说
yīn cǐ duì yú qīng shǎo nián lái shuō
运动非常重要。
yùn dòng fēi cháng zhòng yào.
其次, 适当的运动可以恢复体力和精力,
qí cì, shì dàng de yùn dòng kě yǐ huī fù tǐ lì hé jīng lì,
所以压力大的时候出点儿汗
suǒ yǐ yā lì dà de shí hou chū diǎnr hàn
就会感到轻松一些。
jiù huì gǎn dào qīng sōng yì xiē.
最后, 运动可以预防衰老。
zuì hòu, yùn dòng kě yǐ yù fáng shuāi lǎo.
不过也要注意。
bú guò yě yào zhù yì.
运动要适当, 不要运动过度。
yùn dòng yào shì dàng, bú yào yùn dòng guò dù.

한글해석
질문: 사람들이 왜 운동을 해야 한다고 생각합니까?
예시답안: 운동은 신체 건강에만 이로운 것이 아니라 마음의 건강에도 큰 도움이 됩니다. 우선 운동은 인체의 성장발육에 좋을 뿐만 아니라 면역력도 높여 줍니다. 그러므로 청소년에게 있어 운동은 매우 중요합니다. 그다음, 적당한 운동은 체력과 정력을 회복시켜 주기 때문에 스트레스를 받을 때 땀을 흘리고 나면 긴장이 풀리는 기분을 느낄 수 있습니다. 마지막으로 운동은 노화를 예방합니다. 하지만 주의해야 할 것은 운동은 적당히 해야지 과도하게 해서는 안 됩니다.

단어
- 发育 [fāyù] 명 발육
- 免疫力 [miǎnyìlì] 명 면역력
- 恢复 [huīfù] 동 회복하다
- 衰老 [shuāilǎo] 형 노화하다
- 过度 [guòdù] 형 과도하다

4 질문 你常常吃快餐吗? 你对快餐有什么看法?

예시답안
我平时没时间做饭的时候
wǒ píng shí méi shí jiān zuò fàn de shí hou
就去吃快餐。快餐既方便又省时。
jiù qù chī kuài cān. kuài cān jì fāng biàn yòu shěng shí.
而且快餐很符合大众的口味,
ér qiě kuài cān hěn fú hé dà zhòngde kǒu wèi,
所以受到很多人的欢迎。
suǒ yǐ shòu dào hěn duō rén de huān yíng.
不过快餐多以油炸食品和
bú guò kuài cān duō yǐ yóu zhá shí pǐn hé
甜食为主, 所以热量太高。
tián shí wéi zhǔ, suǒ yǐ rè liàng tài gāo.
如果长期吃的话
rú guǒ cháng qī chī de huà
就会引起肥胖症。
jiù huì yǐn qǐ féi pàng zhèng.
尤其是对青少年而言,
yóu qí shì duì qīng shǎo nián ér yán,
快餐缺乏营养
kuài cān quē fá yíng yǎng
还含有对成长有害的物质,
hái hán yǒu duì chéng zhǎng yǒu hài de wù zhì,
所以还是少吃点儿好。
suǒ yǐ hái shì shǎo chī diǎnr hǎo.

한글해석
질문: 당신은 자주 패스트푸드를 먹나요? 당신은 패스트푸드에 대해 어떻게 생각합니까?
예시답안: 저는 평소 밥 지을 시간이 없을 때 패스트푸드를 먹습니다. 패스트푸드는 편리하고 시간을 절약할 수 있습니다. 게다가 패스트푸드의 맛은 대중의 입맛에 잘 맞기 때문에 많은 사람들의 환영을 받습니다. 하지만 패스트푸드는 주로 기름에 튀긴 것과 단 음식으로 되어 있어 열량이 높습니다. 만약 오랜 시간 먹는다면 비만을 야기할 수 있습니다. 특히 청소년에게 있어서 패스트푸드는 영양이 부족하고 성장에 좋지 않은 물질을 함유하기 때문에 적게 먹는 것이 좋습니다.

단어
- 符合 [fúhé] 동 부합하다
- 肥胖症 [féipàngzhèng] 명 비만증
- 油炸 [yóuzhá] 동 기름에 튀기다
- 尤其 [yóuqí] 부 특히
- 缺乏 [quēfá] 동 결핍하다

실전 모의고사 답안

Tip '以~为主'는 '~을 위주로 하다'는 표현이다.
예 学生要以学习为主.
학생은 공부를 위주로 해야 한다.
北方人的主食一般是以面食为主.
북쪽 지역사람들의 주식은 주로 면류이다.

第六部分: 情景应对

1
질문 你要转学到别的学校了。请你跟老师和同学们告别一下。

예시답안 同学们, 我要转学去别的学校了。
tóng xué men, wǒ yào zhuǎn xué qù bié de xué xiào le.

在这段时间和你们一起学习、玩耍,
zài zhè duàn shí jiān hé nǐ men yì qǐ xué xí、wán shuǎ,

对我来说是很愉快而难忘的回忆,
duì wǒ lái shuō shì hěn yú kuài ér nán wàng de huí yì,

我绝对不会忘记的。
wǒ jué duì bú huì wàng jì de.

还有, 很感谢老师对我的鼓励和照顾。
hái yǒu, hěn gǎn xiè lǎo shī duì wǒ de gǔ lì hé zhào gù.

我以后也会把老师的话记在心上,
wǒ yǐ hòu yě huì bǎ lǎo shī de huà jì zài xīn shàng,

继续努力学习的。
jì xù nǔ lì xué xí de.

我会想你们的, 我们保持联系吧。
wǒ huì xiǎng nǐ men de, wǒ men bǎo chí lián xì ba.

한글해석 질문: 당신이 다른 학교로 전학을 가게 되었습니다. 선생님과 친구들에게 작별 인사를 해 보세요.

예시답안: 친구들아, 나 다른 학교로 전학 가게 되었어. 너희들과 함께 공부하고 놀았던 이 시간이 나에게 있어 아주 즐겁고 잊지 못할 기억이야. 절대 잊지 않을게. 그리고 선생님의 격려와 보살핌에 너무 감사드려요. 이후에도 선생님께서 하신 말씀 잘 기억하며 꾸준히 열심히 공부하겠습니다. 너희들이 그리울 거야. 우리 계속 연락하며 지내자.

단어
- 转学 [zhuǎnxué] 동 전학 가다
- 难忘 [nánwàng] 동 잊을 수 없다
- 回忆 [huíyì] 명 추억
- 鼓励 [gǔlì] 동 격려하다
- 保持 [bǎochí] 동 유지하다

Tip '把~记在心上'은 '~을 마음에 염두하다'라는 '把자문' 표현이다. 이와 같은 표현으로 '把~刻在心上'이 있다. 또, '把~放在心上'도 많이 사용하는데 이는 '~을 마음에 담아 두다'는 뜻이다.
예 我常把老师的教诲记在心上.
나는 선생님의 가르침을 항상 염두에 두고 있다.
他只不过是开玩笑而已, 你别把他的话放在心上.
그는 단지 농담을 했을 뿐이야, 그의 말을 마음에 담아두지 마라.

2
질문 在饭店点菜的时候你跟服务员说别放香菜。不过上了菜后发现所有的菜里都有香菜。请你告诉服务员情况并解决问题。

예시답안 服务员, 这是怎么回事儿?
fú wù yuán, zhè shì zěn me huí shì er?

等了半个多小时才上了菜不说,
děng le bàn gè duō xiǎo shí cái shàng le cài bù shuō,

怎么所有的菜里都放了香菜?
zěn me suǒ yǒu de cài lǐ dōu fàng le xiāng cài?

我点菜的时候明明跟你说过
wǒ diǎn cài de shí hou míng míng gēn nǐ shuō guo

不要放香菜。
bú yào fàng xiāng cài.

让你们这儿的经理过来一下吧。
ràng nǐ men zhè ér de jīng lǐ guò lái yí xià ba.

我要跟他说。真是让人生气。
wǒ yào gēn tā shuō. zhēn shì ràng rén sheng qì.

한글해석 질문: 식당에서 음식을 주문할 때 당신은 종업원에게 고수를 넣지 말아 달라고 말했습니다. 그러나 모든 요리에 고수가 들어 있었습니다. 종업원에게 상황을 알리고 문제를 해결해 보세요.

예시답안: 종업원, 이게 어떻게 된 일입니까? 30분 이상 걸려 음식이 나온 것은 말하지 않겠습니다. 그런데 왜 모든 요리에 고수가 들어간 거죠? 제가 음식 주문할 때 분명히 고수를 넣지 말아 달라고 말했습니다. 사장님을 불러주세요. 저는 그와 이야기를 할 것입니다. 정말 화가 나네요.

단어
- 香菜 [xiāngcài] 명 고수, 향채
- 怎么回事儿 [zěnmehuíshìr] 어찌된 일입니까?
- 上菜 [shàngcài] 동 요리를 내오다
- 明明 [míngmíng] 부 분명히
- 经理 [jīnglǐ] 명 사장님

Tip '동사/형용사+死了'는 '~해 죽겠다'는 뜻으로 상태가 최고 정도까지 도달함을 나타내는 정도 보어이다. 이렇게 정도 보어가 쓰이면 '很, 非常, 特别, 最, 太'등과 같은 정도 부사는 함께 쓰일 수 없음에 유의하자.
예 昨天没睡好觉, 真困死了.
어제 잠을 잘 자지 못해서 졸려 죽겠다.
服务员的服务态度真差, 气死了!
종업원의 서비스 태도가 너무 안 좋아요, 정말 화가 나네요.

3
질문 你跟朋友约好周末一起去打网球。可是你的父母突然来电话说这个周末要来看你。请你给朋友打电话取消约会吧。

예시답안 小明啊, 我是李英俊。实在不好意思,
xiǎo míng a, wǒ shì lǐ yīng jùn. shí zài bù hǎo yì sī,

我有件事跟你商量商量。
wǒ yǒu jiàn shì gēn nǐ shāng liang shāng liang.

我们不是说好这个周末
wǒ men bú shì shuō hǎo zhè ge zhōu mò

一起去打网球了吗?
yì qǐ qù dǎ wǎng qiú le ma?

不过我父母刚才打来电话说,
bú guò wǒ fù mǔ gāng cái dǎ lái diàn huà shuō,

这个周末要来看我。
zhè ge zhōu mò yào lái kàn wǒ.

所以我得去火车站接他们。
suǒ yǐ wǒ děi qù huǒ chē zhàn jiē tā men.

我们能不能改天去打球啊?
wǒ men néng bù néng gǎi tiān qù dǎ qiú a?

很抱歉。
hěn bào qiàn.

한글해석 질문: 당신은 친구와 주말에 함께 테니스를 하러 가기로 약속 했습니다. 그러나 당신의 부모님이 이번 주말에 당신을 보러 오신다고 전화하셨습니다. 친구에게 전화해서 약속을 취소해 보세요.
예시답안: 샤오밍, 나 이영준이야, 정말 미안해. 내가 너랑 상의할 일이 하나 있어. 이번 주말에 우리 함께 테니스 하러 가기로 약속했잖아. 근데 우리 부모님이 방금 전화하셔서 주말에 나를 보러 올라오시겠대. 그래서 내가 기차역에 부모님을 마중 가야 해. 우리 다음에 테니스 하러 가면 안 될까? 정말 미안해.

단어
- 实在 [shízài] 📖 정말로
- 商量 [shāngliang] 📖 상의하다
- 接 [jiē] 📖 마중하다
- 改天 [gǎitiān] 📖 후일, 다른 날
- 抱歉 [bàoqiàn] 📖 미안하다

Tip 결과보어는 동작이 진행된 후 결과가 어떠한지를 보충 설명해 준다. '동사+好'는 결과보어로써 '~을 잘 마치다, 마무리하다'는 뜻이다.
例 我已经想好了。这个假期我要去看看父母。
나는 이미 결정했다. 이번 휴가 때 나는 부모님을 보러 갈 것이다.
我跟儿子约好周末我带他去游乐场。
나는 아들에게 주말에 놀이동산에 데려가기로 약속을 했다.

第七部分：看图说话

예시답안
小李今天身体不舒服,还发了高烧。
xiǎo lǐ jīn tiān shēn tǐ bù shū fu, hái fā le gāo shāo.

所以她要向上司请个病假去医院。
suǒ yǐ tā yào xiàng shàng sī qǐng gè bìng jià qù yī yuàn.

旁边的小明看到
páng biān de xiǎo míng kàn dào

小李请假去医院,
xiǎo lǐ qǐng jià qù yī yuàn,

他也想出了一个坏主意。
tā yě xiǎng chū le yí ge huài zhǔ yi.

他装病跟上司说肚子疼,
tā zhuāng bìng gēn shàng sī shuō dù zi téng,

要请假。小明请了假后就去一家
yào qǐng jià. xiǎo míng qǐng le jià hòu jiù qù yì jiā

咖啡厅高兴地喝着咖啡。没想到,
kā fēi tīng gāo xìng de hē zhe kā fēi. méi xiǎng dào,

就在这时他的上司突然进来了。
jiù zài zhè shí tā de shàng sī tū rán jìn lái le.

小明看到上司后很吃惊。
xiǎo míng kàn dào shàng sī hòu hěn chī jīng.

한글해석 예시답안: 샤오리는 오늘 몸이 좋지 않고 고열이 났습니다. 그래서 상사에게 조퇴를 신청하고 병원에 가려고 합니다. 샤오리가 조퇴를 하고 병원에 가려는 모습을 보고 옆에 있던 샤오밍은 아이디어 하나가 떠올랐습니다. 그는 상사에게 배가 아프다고 꾀병을 부리며 조퇴를 신청했습니다. 조퇴한 후 샤오밍은 한 커피숍에 앉아 기쁘게 커피를 마시고 있었습니다. 그러나 바로 이때 그의 상사가 커피숍으로 들어왔습니다. 상사를 본 샤오밍은 깜짝 놀랐습니다.

단어
- 请假 [qǐngjià] 📖 휴가를 신청하다
- 装病 [zhuāngbìng] 📖 꾀병을 부리다
- 没想到 [méixiǎngdào] 생각지도 못하게
- 突然 [tūrán] 📖 갑자기
- 吃惊 [chījīng] 📖 깜짝 놀라다

Tip '请假'는 '휴가를 신청하다'는 뜻의 이합동사이다. 이합동사는 목적어를 가질 수 없고, 'AAB'의 중첩형태를 갖는다.
그외 이합동사에는 '请客、聊天、见面、结婚、离婚、毕业、生气、帮忙、散步、看病'등이 있다.
例 我想请你吃顿饭。
나는 당신에게 밥을 한끼 대접하고 싶어요.
你能不能帮我一个忙。
당신 저를 도와줄 수 있나요?

실전 모의고사 3

第二部分：看图回答

1 **질문** 他是什么时候大学毕业的?

예시답안 他是2009年2月大学毕业的。
tā shì èr líng jiǔ nián èr yuè dà xué bì yè de.

한글해석 질문: 그는 언제 대학을 졸업했나요?
예시답안: 그는 2009년 2월에 대학을 졸업했어요.

단어
- 什么时候 [shénmeshíhou] 언제
- 大学 [dàxué] 📖 대학
- 毕业 [bìyè] 📖 졸업하다
- 年 [nián] 📖 해, 년
- 月 [yuè] 📖 월

실전 모의고사 답안

Tip '毕业'는 '졸업하다'는 뜻의 이합동사로 목적어를 취할 수 없다. 그러므로 '~를 졸업하다'는 표현은 '毕业于~' 혹은 '从 ~毕业'로 나타낸다.

예 他毕业于名牌大学。
그는 명문 대학을 졸업했다.

我是从理科毕业的。
나는 이과를 졸업했다.

2
질문 哈尔滨冷还是北京冷？

예시답안 哈尔滨的冬天比北京更冷，
Hā'ěr bīn de dōng tiān bǐ běi jīng gèng lěng,

零下30度。
líng xià sān shí dù.

한글해석 질문: 하얼빈이 추운가요, 아니면 베이징이 추운가요?
예시답안: 하얼빈의 겨울이 베이징보다 훨씬 추워요, 영하 30도예요.

단어
- 哈尔滨 [hā'ěrbīn] 명 하얼빈
- 还是 [háishi] 부 아니면
- 更 [gèng] 부 훨씬
- 零下 [língxià] 명 영하
- 度 [dù] 양 도

Tip 기온을 나타내는 단위는 '度'이고 영하는 숫자 앞에 '零下'를, 영상은 '零上'을 붙여 표현할 수 있다.

예 今天零下20多度，冷得要命。
오늘은 영하 20도가 넘는다. 얼어 죽을 지경이다.

天气转暖，气温上升到零上了。
날씨가 따뜻해져 기온이 영상까지 올라갔다.

3
질문 他家有几口人？

예시답안 他家一共有四口人。
tā jiā yí gòng yǒu sì kǒu rén.

爸爸、妈妈、一个女儿和一个儿子。
bà ba, mā ma, yí ge nǚ'ér hé yí ge ér zi.

한글해석 질문: 그의 집에는 몇 식구가 있나요?
예시답안: 그의 집에는 아빠, 엄마,딸 하나, 아들 하나 이렇게 모두 네 식구가 살아요.

단어
- 一共 [yígòng] 부 전부
- 有 [yǒu] 동 있다
- 口 [kǒu] 양 식구를 세는 양사
- 个 [gè] 양 개
- 和 [hé] 전 ~와

Tip 상대방의 가족 수를 물을 때에는 의문사 '几'를 사용하여 '你家有几口人？'라고 묻고 가족 구성원에 대해 물을 때에는 의문사 '什么'를 사용하여 '你家有什么人？'라고 물을 수 있다.

4
질문 他在办公室工作吗？

예시답안 不，他不在办公室。他在厨房做蛋糕。
bù, tā bú zài bàn gōng shì. tā zài chú fáng zuò dàn gāo.

한글해석 질문: 그는 사무실에서 일하나요?
예시답안: 아니요, 그는 사무실에 있지 않아요. 그는 주방에서 케이크를 만듭니다.

단어
- 办公室 [bàngōngshì] 명 사무실
- 工作 [gōngzuò] 동 일하다
- 厨房 [chúfáng] 명 주방
- 做 [zuò] 동 ~하다
- 蛋糕 [dàngāo] 명 케이크

Tip 그림과 다른 동작에 대한 질문으로 부정의 답을 요구하는 문제가 종종 출제된다. 그러므로 동작과 관련된 어휘를 많이 알아두도록 하자.
집안일과 관련된 표현을 알아보자.
- 做家务 [zuòjiāwù] 집안일을 하다
- 倒垃圾 [dàolājī] 쓰레기를 버리다
- 照顾孩子 [zhàogùháizi] 아이를 돌보다
- 打扫 [dǎsǎo] 청소하다
- 擦地 [cādì] 바닥을 닦다
- 洗碗 [xǐwǎn] 설거지하다
- 洗衣服 [xǐyīfu] 빨래하다
- 洗车 [xǐchē] 세차하다
- 做饭 [zuòfàn] 밥을 짓다

第三部分：快速回答

1
질문 老公，我穿哪个好呢？

예시답안 我觉得白色更适合你。
wǒ jué de bái sè gèng shì hé nǐ.

还是穿白色的连衣裙吧。
hái shì chuān bái sè de lián yī qún ba.

한글해석 질문: 여보, 내가 뭘 입는 게 좋을까요?
예시답안: 내 생각에 당신은 흰색이 잘 어울리는 것 같으니 흰색 원피스를 입어요.

단어
- 穿 [chuān] 동 입다
- 觉得 [juéde] 동 ~라고 생각하다
- 白色 [báisè] 명 흰색
- 适合 [shìhé] 동 어울리다
- 连衣裙 [liányīqún] 명 원피스

Tip 还是는 품사에 따라 여러 가지 의미를 가지고 있는데 '그래도 ~하는 편이 낫다'는 뜻의 부사로 쓰여 비교 후 더 나은 것을 선택함을 나타낸다.

예 飞机更快，你还是坐飞机去吧。
비행기가 더 빠르니까 너는 그래서 비행기를 타고 가는 것이 낫겠다.

你咳嗽很厉害，还是去医院看一看吧。
너 기침이 심한데 병원에 가보는 것이 좋겠다.

2 질문 你怎么这么不小心啊？你撞坏了我的车。

예시답안 你没事儿吗？真不好意思。
nǐ méi shìr ma? zhēn bù hǎo yì si.

我马上给保险公司打电话
wǒ mǎ shàng gěi bǎo xiǎn gōng sī dǎ diàn huà

让他们修理，好吗？
ràng tā men xiū lǐ, hǎo ma?

한글해석 질문: 당신은 왜 이렇게 조심성이 없어요? 제 차가 망가졌잖아요.
예시답안: 괜찮으신가요? 정말 죄송해요. 제가 얼른 보험회사에 전화를 걸어 차를 수리해 드릴게요.

단어
- 不好意思 [bùhǎoyìsi] 미안합니다
- 没事儿 [méishìr] 괜찮아요
- 马上 [mǎshàng] 분 곧
- 保险 [bǎoxiǎn] 보험
- 修理 [xiūlǐ] 동 수리하다

Tip '给'는 '~에게 ~을 주다'라는 뜻의 이중 목적어를 갖는 동사와 '~에게'라는 뜻의 대상을 나타내는 전치사의 쓰임이 있다.
예 这本汉语书能不能给我？
이 중국어책을 나에게 줄 수 있나요？
我来介绍一下我的好朋友。
저의 좋은 친구를 소개해 보겠습니다.

3 질문 你怎么淋着雨呢？你跟我一起打伞吧。

예시답안 太谢谢你了。
tài xiè xie nǐ le.

能不能把我送到公交车站？
néng bù néng bǎ wǒ sòng dào gōng jiāo chē zhàn?

妈妈会到公交车站接我的。
mā ma huì dào gōng jiāo chē zhàn jiē wǒ de.

한글해석 질문: 너 왜 비를 맞고 있니? 나랑 같이 우산 쓰자.
예시답안: 정말 고마워. 나를 버스 정류장까지 데려다 줄 수 있겠니? 엄마가 버스정류장으로 나를 데리러 올거야.

단어
- 淋雨 [línyǔ] 동 비를 맞다
- 打伞 [dǎsǎn] 동 우산을 쓰다
- 送 [sòng] 동 보내다
- 公交车站 [gōngjiāochēzhàn] 명 버스 정류장
- 接 [jiē] 동 마중하다

Tip '동사+着'는 동사가 진행되고 있음을 나타내는 동태조사이다.
'동사1+着+동사2'는 '~한채로 ~하다'는 동태조사의 확장 표현이므로 함께 알아두도록 하자.
예 外边下着大雪呢。밖에 눈이 많이 내리고 있어요.
妹妹在沙发上躺着看电视。
여동생은 소파에 누운 채로 텔레비전을 보고 있어요.

4 질문 麻烦你给我们看看手表。

예시답안 好的，是送人的还是你们自己戴的？
hǎo de, shì sòng rén de hái shì nǐ men zi jǐ dài de?

这两款手表是最近最流行的。
zhè liǎng kuǎn shǒu biǎo shì zuì jìn zuì liú xíng de.

款式又好看价格又便宜。
kuǎn shì yòu hǎo kàn jià gé yòu biàn yí.

한글해석 질문: 실례지만 손목시계 좀 보여 주시겠어요?
예시답안: 알겠습니다, 선물하실 건가요? 아니면 직접 착용하실 건가요? 이 두 가지의 시계가 요즘 제일 유행하는 거예요. 디자인도 예쁘고 가격도 저렴해요.

단어
- 麻烦 [máfan] 동 귀찮게 하다
- 手表 [shǒubiǎo] 명 손목 시계
- 送人 [sòngrén] 동 다른 사람에게 주다
- 戴 [dài] 동 착용하다
- 流行 [liúxíng] 형 유행하다

Tip '戴'는 모자, 장갑, 안경, 액세서리 등을 착용할 때 사용하는 반면, '穿'은 옷을 입거나 양말, 신발 등을 신을 때 사용하는 동사이다.
예 外边空气不好，你还是戴口罩出去吧。
밖에 공기가 좋지 않으니 마스크를 쓰고 나가는 것이 좋겠어요.
我要穿新买的袜子。
저는 새로 산 양말을 신을래요.

5 질문 快要下班了。我们一起去喝一杯吧！

예시답안 不行啊，我得去健身房运动。下次吧。
bù xíng a, wǒděi qù jiàn shēn fáng yùn dòng. xià cì ba.

한글해석 질문: 곧 퇴근이네요. 한잔 하러 가실래요?
예시답안: 안돼요, 저 헬스장에 운동하러 가야 해요. 다음에 해요.

단어
- 快要 [kuàiyào] 분 머지않아
- 下班 [xiàbān] 동 퇴근하다
- 喝一杯 [hēyìbēi] 한 잔 하다
- 不行 [bùxíng] 동 안돼요
- 健身房 [jiànshēnfáng] 명 헬스장

Tip '快要~了'는 '머지않아 ~일 것이다'는 뜻으로 어떤 상황이 머지않아 발생할 것을 나타내는 임박의 표현이다. '快要~了'뿐만 아니라 '就要/要/快~了'도 같은 표현임을 함께 알아두자.
예 整天呆在家里，快要闷死了。
온종일 집에만 있었더니 답답해 죽겠어요.
春节就要到了。
머지않아 춘절입니다.

실전 모의고사 답안

第四部分：简短回答

1
질문 你平时喜欢喝饮料吗? 为什么?

예시답안
很多中国人吃饭的时候
hěn duō zhōng guó rén chī fàn de shí hou

常常喝饮料。
cháng cháng hē yǐn liào.

不过我平时不爱喝饮料,
bú guò wǒ píng shí bú ài hē yǐn liào,

尤其是像可乐、雪碧之类的。
yóu qí shì xiàng kě lè、xuě bì zhī lèi de.

因为喝饮料不仅对消化没有帮助,
yīn wèi hē yǐn liào bù jǐn duì xiāo huà méi yǒu bāng zhù,

而且容易发胖。
ér qiě róng yì fā pàng.

所以除了特殊的情况以外,
suǒ yǐ chú le tè shū de qíng kuàng yǐ wài,

一般都喝白开水或者茶。
yì bān dōu hē bái kāi shuǐ huò zhě chá.

专家们说, 平时多喝水
zhuān jiā men shuō, píng shí duō hē shuǐ

能使人体排出废物, 帮助消化。
néng shǐ rén tǐ pái chū fèi wù, bāng zhù xiāo huà.

所以我一天喝7~8杯水。
suǒ yǐ wǒ yì tiān hē qī dào bā bēi shuǐ.

한글해석
질문: 당신은 평소 음료를 즐겨 마시나요? 이유는 무엇인가요?

예시답안: 많은 중국 사람들이 밥을 먹을 때 자주 음료를 마십니다. 하지만 저는 평소에 특히 콜라와 스프라이트와 같은 음료는 즐겨 마시지 않습니다. 왜냐하면 음료를 마시면 소화에 도움이 되지 않을 뿐 아니라 쉽게 살이 찌기 때문입니다. 그래서 특별한 경우를 제외하고는 끓인 물이나 차를 마십니다. 전문가들의 말에 의하면 평소 물을 많이 마시면 인체의 노폐물을 배출시킬 수 있고 소화를 돕는다고 합니다. 그래서 저는 하루에 7~8잔의 물을 마십니다.

단어
- 饮料 [yǐnliào] 명 음료
- 尤其 [yóuqí] 부 더욱이
- 消化 [xiāohuà] 동 소화되다
- 发胖 [fāpàng] 동 살찌다
- 特殊 [tèshū] 형 특수하다

Tip '使'는 '~을~하게 시키다'는 뜻의 사역동사로 '让'과 '叫'와 바꾸어 쓸 수 있다.
예) 这部电影使人感动。
이 영화는 사람들을 감동시킨다.
这道数学题让我感到困惑。
이 수학 문제는 나를 곤혹스럽게 한다.

2
질문 结婚以后跟父母一起住好还是分开住好?

예시답안
我个人认为不管一起住
wǒ gè rén rèn wéi bù guǎn yì qǐ zhù

还是分开住都有利有弊。
hái shì fēn kāi zhù dōu yǒu lì yǒu bì.

有人说跟父母一起住可以省钱,
yǒu rén shuō gēn fù mǔ yì qǐ zhù kě yǐ shěng qián,

而且父母可以帮忙照顾孩子,
ér qiě fù mǔ kě yǐ bāng máng zhào gù hái zi,

但是我还是觉得分开住比较好。
dàn shì wǒ hái shì jué de fēn kāi zhù bǐ jiào hǎo.

因为婆媳关系是很难搞好的。
yīn wèi pó xí guān xi shì hěn nán gǎo hǎo de.

再说父母跟年轻夫妻之间
zài shuō fù mǔ gēn nián qīng fū qī zhī jiān

肯定会有代沟,
kěn dìng huì yǒu dài gōu,

所以很容易发生矛盾。
suǒ yǐ hěn róng yì fā shēng máo dùn.

与其住在一起常常发生冲突
yǔ qí zhù zài yì qǐ cháng cháng fā shēng chōng tū

还不如分开住, 经常看望父母。
hái bù rú fēn kāi zhù, jīng cháng kàn wàng fù mǔ.

한글해석
질문: 당신은 결혼 후 부모님과 함께 사는 것이 좋다고 생각하나요, 분가해서 사는 것이 좋다고 생각하나요?

예시답안: 저는 함께 살든 아니면 분가를 하든 모두 장단점이 있다고 생각합니다. 부모님과 함께 살면 돈을 절약할 수 있고 부모님이 아이를 돌보아 주실 수 있다고 말하는 사람도 있습니다. 하지만 저는 그래도 분가를 하는 편이 더 낫다고 생각합니다. 왜냐하면 고부 관계는 매우 힘들기 때문입니다. 게다가 부모님과 젊은 부부 사이에 세대차이가 있기 때문에 쉽게 갈등이 생길 수도 있습니다. 함께 살면서 충돌을 일어나는 것보다 분가해서 살면서 자주 찾아 뵙는 것이 낫다고 생각합니다.

단어
- 婆媳关系 [póxíguānxi] 명 고부관계
- 夫妻 [fūqī] 명 부부
- 代沟 [dàigōu] 명 세대차이
- 矛盾 [máodùn] 명 모순
- 看望 [kànwàng] 동 문안하다, 찾아가보다

Tip '不管~都~'란 '~에 관계없이 모두 ~하다'라는 뜻의 접속사 표현이다. 이외에 '不论/无论~都~'으로 표현할 수 있다.
예) 不管孩子在哪儿, 家长都很担心。
아이가 어디에 있든지 부모는 걱정한다.
无论我说什么他都不听。
내가 무슨 말을 해도 그는 내 말을 듣지 않는다.

3 질문: 你每个月存到银行的钱，占你收入的多少?

예시답안: 我每个月储蓄的钱，
wǒ měi ge yuè chǔ xù de qián,

占我收入的百分之五十。
zhàn wǒ shōu rù de bǎi fēn zhī wǔ shí.

虽然我工资不高，但是每个月会
suī rán wǒ gōng zī bù gāo, dàn shì měi ge yuè huì

固定拿出一部分钱储蓄。
gù dìng ná chū yí bù fen qián chǔ xù.

其实以前我没有存钱的习惯。
qí shí yǐ qián wǒ méi yǒu cún qián de xí guàn.

那时候我把钱放在家里，
nà shí hou wǒ bǎ qián fàng zài jiā lǐ,

需要花钱的时候随手拿出去花。
xū yào huā qián de shí hou suí shǒu ná chū qù huā.

想买什么就买什么。后来觉得
xiǎng mǎi shén me jiù mǎi shén me. hòu lái jué de

花钱一定要有计划，不能这么浪费。
huā qián yí dìng yào yǒu jì huà, bù néng zhè me làng fèi.

所以慢慢养成了存钱的习惯。
suǒ yǐ màn mānr yǎng chéng le cún qián de xí guàn.

한글해석 질문: 당신은 매달 은행에 저축하는 돈이 수입의 어느 정도를 차지하나요?

예시답안: 제가 매달 은행에 저축하는 돈은 제 수입의 50%를 차지합니다. 비록 월급은 많지 않지만 저는 매달 고정적으로 월급의 일부를 은행에 저축합니다. 사실 예전에 저는 저축하는 습관이 없었습니다. 그 당시 저는 돈을 집에 두고 돈이 필요할 때마다 손쉽게 꺼내다 쓰곤 했습니다. 사고 싶은 것은 무엇이든지 샀습니다. 그 후 저는 돈을 계획적으로 낭비하지 말아야겠다고 생각했습니다. 그래서 천천히 저축하는 습관을 길렀습니다.

단어
· 占 [zhàn] 동 차지하다
· 收入 [shōurù] 명 수입
· 固定 [gùdìng] 형 고정되다
· 随手 [suíshǒu] 부 닥치는대로
· 计划 [jìhuà] 동 계획하다

Tip '想+동사+什么就+동사+什么'는 '하고 싶은 대로 ～하다'는 고정표현이므로 잘 외워두자.
예 你想吃什么就吃什么吧.
　　당신이 먹고 싶은 거 먹어요.
　　你想去哪儿就去哪儿旅游吧.
　　당신이 가고 싶은 곳으로 여행가요.

4 질문: 你感觉最大的压力是什么?

예시답안: 每个人都有追求的目标。
měi ge rén dōu yǒu zhuī qiú de mù biāo.

有的人为了生计，有的人为了理想，
yǒu de rén wèi le shēng jì, yǒu de rén wèi le lǐ xiǎng,

有的人还为了金钱而努力。我也是一样。
yǒu de rén hái wèi le jīn qián ér nǔ lì. wǒ yě shì yí yàng.

我为了生计拼命打工赚钱;
wǒ wèi le shēng jì pīn mìng dǎ gōng zhuàn qián;

为了实现我的梦想而努力学习。
wèi le shí xiàn wǒ de mèng xiǎng ér nǔ lì xué xí.

作为大学4年级的学生，
zuò wéi dà xué sì nián jí de xué sheng,

压力来自未来的不明确性。
gǎn dào zuì dà de yā lì lái zì wèi lái de bù míng què xìng.

不过我有信心把压力转化为动力，
bú guò wǒ yǒu xìn xīn bǎ yā lì zhuǎn huà wéi dòng lì,

继续努力生活下去。
jì xù nǔ lì shēng huó xià qù.

한글해석 질문: 당신에게 가장 큰 스트레스는 무엇입니까?

예시답안: 모든 사람은 추구하는 목표가 있습니다. 어떤 사람은 생계를 위해, 어떤 사람은 꿈을 위해, 또 어떤 사람은 돈을 위해 노력합니다. 저도 마찬가지입니다. 생계를 위해 열심히 일하고 꿈을 실현하기 위해 열심히 공부합니다. 대학 4학년생으로서 스트레스는 미래에 대한 불확실성에서 옵니다. 하지만 저는 스트레스를 에너지로 전환해 계속 열심히 생활해 나갈 자신이 있습니다.

단어
· 追求 [zhuīqiú] 동 추구하다
· 生计 [shēngjì] 명 생계
· 拼命 [pīnmìng] 동 필사적으로 하다
· 明确性 [míngquèxìng] 명 명확성
· 转化为 [zhuǎnhuàwéi] ～으로 전화시키다

Tip '来自'는 '从～来'로 '～로부터 오다'는 뜻이다.
예 我来自韩国. 저는 한국에서 왔어요.
　　巧克力来自可可树. 초콜릿은 코코아 나무에서 나와요.

5 질문: 你是怎么改掉你的缺点的?

예시답안: 我以前很内向、不爱见人。
wǒ yǐ qián hěn nèi xiàng、bú ài jiàn rén.

因为性格的原因我朋友不多,
yīn wèi wǒ xìng gé de yuán yīn péng you bù duō,

所以常常感到孤独。
suǒ yǐ cháng cháng gǎn dào gū dú.

从那以后，我下决心主动去跟别人
cóng nà yǐ hòu, wǒ xià jué xīn zhǔ dòng qù gēn bié rén

打招呼。其实刚开始的时候我连
dǎ zhāo hu. qí shí gāng kāi shǐ de shí hou wǒ lián

"你好"都说不出来。但是习惯了就
"nǐ hǎo"dōu shuō bu chū lái. dàn shì xí guàn le jiù

没那么害羞了。有时候一个人去逛街。
méi nà me hài xiū le. yǒu shí hou yí ge rén qù guàng jiē.

我鼓起勇气问路，问价钱,
wǒ gǔ qǐ yǒng qì wèn lù, wèn jià qián,

실전 모의고사 답안

甚至跟服务员开开玩笑。
shèn zhì gēn fú wù yuán kāi kai wán xiào.

现在哪怕是和陌生人交朋友,
xiàn zài nǎ pà shì hé mò shēng rén jiāo péng you,

我也可以做到了。
wǒ yě kě yǐ zuò dào le.

한글 해석
질문: 당신은 어떻게 단점을 고쳤나요?
예시답안: 저는 예전에 내성적이고 사람 만나는 것을 싫어했습니다. 이런 저의 성격 때문에 친구가 많지 않아 자주 외로움을 느꼈습니다. 그날 이후 저는 자발적으로 다른 사람들과 인사를 나누기로 마음먹었습니다. 사실 처음 시작할 때에는 '안녕하세요' 조차도 입 밖으로 나오지 않았습니다. 그러나 습관이 되니 그렇게 창피하지는 않았습니다. 가끔은 혼자 쇼핑을 갔습니다. 용기를 내어 다른 사람에게 길을 묻고 가격을 물어보고 심지어 종업원과 농담을 하기도 했습니다. 지금은 낯선 사람과 친구로 지내는 것도 잘할 수 있게 되었습니다.

단어
- 缺点 [quēdiǎn] 명 단점
- 孤独 [gūdú] 형 외롭다
- 打招呼 [dǎzhāohu] 동 인사하다
- 害羞 [hàixiū] 동 부끄럽다
- 鼓起 [gǔqǐ] 동 (용기를) 불러일으키다

Tip '哪怕'는 '설령 ~라 해도'라는 뜻의 접속사로 뒷문장의 '也、都、还'와 호응하여 가정이나 양보를 나타낸다.
예) 哪怕工作再忙, 他都坚持去学习汉语。
일이 설사 아무리 바쁘더라도 그는 꾸준히 중국어를 배우러 갑니다.
哪怕家人反对, 我也要去留学。
온 가족이 반대해도 나는 유학을 갈거예요.

第五部分: 拓展回答

 질문: 请你谈谈使用一次性购物袋的利与弊。

예시답안: 现在买东西都使用一次性购物袋。
xiàn zài mǎi dōng xi dōu shǐ yòng yí cì xìng gòu wù dài.

我觉得一次性购物袋
wǒ jué de yí cì xìng gòu wù dài

又方便又便宜, 可以减少从家里
yòu fāng biàn yòu pián yi, kě yǐ jiǎn shǎo cóng jiā lǐ

带着菜篮去的麻烦。
dài zhe cài lán qù de má fan.

但是它给我们带来的危害也不少。
dàn shì tā gěi wǒ men dài lái de wēi hài yě bù shǎo.

一次性购物袋主要都是用塑料
yí cì xìng gòu wù dài zhǔ yào dōu shì yòng sù liào

做的, 所以会导致环境污染,
zuò de, suǒ yǐ huì dǎo zhì huán jìng wū rǎn,

而且处理费用也很高。因此, 从我做起
ér qiě chù lǐ fèi yòng yě hěn gāo. yīn cǐ, cóng wǒ zuò qǐ

减少使用一次性购物袋。
jiǎn shǎo shǐ yòng yí cì xìng gòu wù dài.

每次去买东西的时候
měi cì qù mǎi dōng xi de shí hou

应该用环保购物袋或者纸箱。
yīng gāi yòng huán bǎo gòu wù dài huò zhě zhǐ xiāng.

한글 해석
질문: 일회용 쇼핑백 사용의 좋은 점과 나쁜 점에 대해 말해 보세요.
예시답안: 현재 물건을 구매할 때 일회용 쇼핑백을 사용합니다. 저는 일회용 쇼핑백은 편리하고 저렴하며 집에서 시장바구니를 가지고 가야 하는 번거로움도 줄여 줍니다. 일회용 쇼핑백은 주로 플라스틱으로 만들기 때문에 환경오염을 일으키고 처리비용도 많이 듭니다. 그러므로 자기 자신부터 일회용 쇼핑백의 사용을 줄여야 합니다. 쇼핑을 갈 때마다 친환경 쇼핑백이나 종이상자를 사용해야 합니다.

단어
- 一次性 [yícìxìng] 일회용인
- 购物袋 [gòuwùdài] 쇼핑백
- 危害 [wēihài] 해로움
- 塑料 [sùliào] 명 플라스틱
- 处理 [chǔlǐ] 동 처리하다

Tip '从我做起, 从小事做起'는 '나부터, 또 작은 일부터 실천에 옮긴다'는 뜻으로 환경오염, 교통문제 등과 같은 사회이슈에 관해 말할 때 사용하기 적절한 구호이므로 외워두도록 하자.

 질문: 孩子帮助父母做家务的时候, 父母应不应该给孩子报酬?

예시답안: 我觉得孩子在家做家务的话,
wǒ jué de hái zi zài jiā zuò jiā wù de huà,

父母应该付报酬。
fù mǔ yīng gāi fù bào chóu.

不过报酬不意味着经济上的收入,
bú guò bào chóu bú yì wèi zhe jīng jì shàng de shōu rù,

而是指口头上的表扬。
ér shì zhǐ kǒu tóu shàng de biǎo yáng.

很多孩子几乎没有做家务的意识,
hěn duō hái zi jī hū dōu méi yǒu zuò jiā wù de yì shí,

所以家长们用给钱的方式
suǒ yǐ jiā zhǎng men yòng gěi qián de fāng shì

让孩子做家务事。这样做,
ràng hái zi zuò jiā wù shì.

虽然可以培养孩子的经济观念,
suī rán kě yǐ péi yǎng hái zi de jīng jì guān niàn,

但却不能培养孩子的责任感。
dàn què bù néng péi yǎng hái zi de zé rèn gǎn.

孩子也是家庭成员之一,
hái zi yě shì jiā tíng chéng yuán zhī yī,

所以应该跟父母分担家务。
suǒ yǐ yīng gāi gēn fù mǔ fēn dān jiā wù.

家长们应该让孩子负责整理自己的
jiā zhǎng men yīng gāiràng hái zi fù zé zhěng lǐ zì jǐ de

房间, 洗碗, 倒垃圾等小事。
fáng jiān, xǐ wǎn, dào lā jī děng xiǎo shì.

如果孩子做得很好, 可以给他个适当的
rú guǒ hái zi zuò de hěn hǎo, jiù gěi tā ge shì dàng de

小礼物或者带他去玩儿。
xiǎo lǐ wù huò zhě dài tā qù wán.

한글해석
질문: 아이가 부모님을 도와 집안일을 했을 때 부모가 아이에게 보수를 지불해야 한다고 생각하나요?

예시답안: 저는 아이가 집에서 집안일을 했다면 마땅히 보수를 주어야 한다고 생각합니다. 그러나 보수는 경제적인 수입이 아니라, 말로 하는 칭찬을 의미합니다. 많은 아이들이 집안일을 하는 것에 대한 의식이 없기 때문에, 부모가 돈을 주는 방식으로 아이에게 집안일을 시킵니다. 이렇게 하면 아이의 경제관념을 키워 줄 수는 있지만, 책임감을 길러줄 수는 없습니다. 아이 역시 가족 구성원의 일원이므로, 마땅히 부모와 집안일을 분담해야 합니다. 부모는 아이에게 자신의 방을 정리하고 설거지와 쓰레기를 버리는 작은 일들을 책임지도록 해야 합니다. 만약에 아이가 잘했다면, 그에 알맞은 작은 선물을 주거나, 아이와 함께 놀러 가도록 합니다.

단어
- 做家务 [zuòjiāwù] 집안일을 하다
- 报酬 [bàochóu] 명 보수, 대가
- 经济 [jīngjì] 명 경제
- 责任感 [zérèngǎn] 명 책임감
- 分担 [fēndān] 통 분담하다

Tip '意味着~'는 '~을 의미하다, 뜻하다'는 뜻의 동사로 'A的意思是B'로 바꾸어 표현할 수 있다.
  예 考试不及格意味着你平时不努力。
  시험에서 낙제했다는 것은 네가 평소에 열심히 하지 않았다는 뜻이야.
  我说你聪明并不意味着我信任你。
  당신이 총명하다고 말한 것은 내가 당신을 신뢰한다는 의미가 결코 아니다.

3 질문: 目前, 很多小学生都有手机。你怎么看待这个现象?

예시답안: 我认为小学生需不需要手机,
wǒ rèn wéi xiǎo xué sheng xū bù xū yào shǒu jī

应该由他的家庭情况决定。
yīng gāi yóu tā de jiā tíng qíng kuàng jué dìng.

要是父母都在外地工作的话,
yào shì fù mǔ dōu zài wài dì gōng zuò de huà,

孩子还是有手机好。
hái zi hái shì yǒu shǒu jī hǎo.

这样父母可以随时随地跟孩子联系,
zhè yàng fù mǔ kě yǐ suí shí suí dì gēn hái zi lián xì,

省去家长的担心。
shěng qù jiā zhǎng de dān xīn.

不过家长不工作,
bú guò jiā zhǎng bù gōng zuò,

可以在家照顾孩子的话,
kě yǐ zài jiā zhào gù hái zi de huà,

就没必要给孩子买手机。
jiù méi bì yào gěi hái zi mǎi shǒu jī.

小学生自制力较差,
xiǎo xué sheng zì zhì lì jiào chà,

手机可能会给孩子的
shǒu jī kě néng huì gěi hái zi de

学习生活带来负面影响。总之,
xué xí shēng huó dài lái fù miàn yǐng xiǎng. zǒng zhī,

小学生是否应该携带手机的问题
xiǎo xué sheng shì fǒu yīng gāi xié dài shǒu jī de wèn tí

还是得看他的家庭情况而定。
hái shì děi kàn tā de jiā tíng qíng kuàng ér dìng.

한글해석
질문: 최근 많은 초등학생이 휴대전화를 가지고 있습니다. 당신은 이러한 현상에 대해 어떻게 생각하나요?

예시답안: 초등학생이 휴대전화를 가질 필요가 있는지 없는지에 대해서, 먼저 아이의 가정 상황을 고려해 보아야 합니다. 만약 부모가 밖에서 일한다면, 아이에게 핸드폰이 있는 것이 좋습니다. 그러면 부모는 언제 어디서든 아이와 연락을 할 수 있기 때문에 걱정을 덜 수가 있습니다. 그러나 부모가 일하지 않고, 집에서 아이를 돌본다면 아이가 휴대전화를 가질 필요는 없습니다. 초등학생은 자제력이 약하기 때문에, 아이의 학업 생활에 나쁜 영향을 가져올 수 있기 때문입니다. 한마디로, 초등학생이 휴대전화를 가져야 하는지 그렇지 않은지는 가정의 상황을 고려하여 결정해야 합니다.

단어
- 必要 [bìyào] 형 필요하다
- 随时随地 [suíshísuídì] 부 언제 어디서나
- 省去 [shěngqù] 덜다
- 照顾 [zhàogù] 통 보살피다
- 自制力 [zìzhìlì] 명 자제력

Tip '看~而定'은 '~을 보고 결정하다'는 표현으로 '凭~而定'과 같이 '~에 따라 결정하다'로 표현할 수 있다.
  예 学什么得凭个人的兴趣爱好而定。
  무엇을 배울지는 개인의 흥미와 취향에 따라 결정해야 해요.
  要不要去印度出差还是看具体情况而定吧。
  인도로 출장을 갈지 말지는 구체적인 상황을 보고 결정합시다.

실전 모의고사 답안

4 질문: 你觉得大学生上学期间应不应该打工?

예시답안:
我认为, 在不影响学习的情况下
wǒ rèn wéi, zài bù yǐng xiǎng xué xí de qíng kuàng xià

去尝试一下工作生活也很好。
qù cháng shì yí xià gōng zuò shēng huó yě hěn hǎo.

要是打工的话一方面可以赚钱
yào shì dǎ gōng de huà yì fāng miàn kě yǐ zhuàn qián

帮父母减少经济负担, 另一方面
bāng fù mǔ jiǎn shǎo jīng jì fù dān, lìng yí fāng miàn

也可以积累工作经验, 锻炼自己。
yě kě yǐ lěi gōng zuò jīng yàn, duàn liàn zì jǐ.

这会对以后找工作有所帮助。
zhè huì duì yǐ hòu zhǎo gōng zuò yǒu suǒ bāng zhù

但也有人认为大学生打工不仅
dàn yě yǒu rén rèn wéi dà xué sheng dǎ gōng bù jǐn

浪费学习时间, 而且影响学习效率。
làng fèi xué xí shí jiān, ér qiě yǐng xiǎng xué xí xiào lǜ.

因此大学生是否应该打工
yīn cǐ dà xué sheng shì fǒu yīng gāi dǎ gōng

要根据个人情况决定。
yào gēn jù gè rén qíng kuàng jué dìng.

要是学习成绩太差,
yào shì xué xí chéng jì tài chà,

那么一定要把精力放在学习上。
nà me yí dìng yào bǎ jīng lì fàng zài xué xí shàng.

한글해석
질문: 대학생이 학교에 다니면서 아르바이트를 해야 할까요?

예시답안: 저는 학업에 영향을 주지 않는 범위 내에서 시험 삼아 일을 해 보는 것이 좋다고 생각합니다. 만약 아르바이트를 한다면 한편으로는 돈을 벌어 부모님의 경제적 부담을 덜어드릴 수 있고, 다른 한 편으로는 업무 경험을 쌓을 수 있으며, 자신을 단련시킬 수 있습니다. 이것은 나중에 구직할 때 도움이 됩니다. 그러나 대학생이 아르바이트를 하는 것은 학습시간을 낭비할 뿐 아니라 학습 능률에도 영향을 준다고 생각하는 사람도 있습니다. 그러므로 개개인의 상황에 따라 결정해야 합니다. 만일 성적이 좋지 않다면 반드시 모든 힘을 학습에 쏟아 부어야 합니다.

단어
- 打工 [dǎgōng] 통 아르바이트하다
- 尝试 [chángshi] 통 시도하다
- 赚钱 [zhuànqián] 돈을 벌다
- 负担 [fùdān] 부담
- 积累 [jīlěi] 쌓다

Tip '把精力放在~上'은 '온 힘을 ~에 쏟다'라는 표현이다. 이것은 '专注于'와 같이 '~에 집중하다'는 표현으로도 나타낼 수 있다.
  예) 你得把精力放在工作上, 别偷懒。
  당신은 온 힘을 업무에 쏟아야만 해요. 게으름 피우지 마세요.
  上课时同桌一直跟我搭话, 所以无法专注于学习。
  수업시간에 짝이 계속 말을 걸어 수업에 집중할 수가 없었어요.

第六部分: 情景应对

1 질문: 在公园里一个男生随手把烟头扔在地上。
你在清洁工的立场上劝劝他吧。

예시답안:
小伙子, 等一等。
xiǎo huǒ zi, děng yi děng.

你不能随便把烟头扔在地上。
nǐ bù néng suí biàn bǎ yān tóu rēng zài dì shàng.

这样不仅会破坏公园里的环境,
zhè yàng bù jǐn huì pò huài gōng yuán lǐ de huán jìng,

而且一不小心会引起火灾。
ér qiě yí bù xiǎo xīn huì yǐn qǐ huǒ zāi.

公园是大家一起运动, 散步的地方。
gōng yuán shì dà jiā yì qǐ yùn dòng, sàn bù de dì fang.

有的还带着孩子来玩儿。
yǒu de hái dài zhe hái zi lái wánr.

所以在公园里最好不要抽烟。
suǒ yǐ zài gōng yuán lǐ zuì hǎo bú yào chōu yān.

要是抽了, 那就把烟头
yào shì chōu le, nà jiù bǎ yān tóu

好好儿扔在垃圾桶里。
hǎo hǎor rēng zài lā jī tǒng lǐ.

这样才能创造舒适的环境。
zhè yàng cái néng chuàng zào shū shì de huán jìng.

한글해석
질문: 공원에서 한 남자가 담배꽁초를 함부로 땅에 버렸습니다. 환경 미화부의 입장이 되어 그를 타일러 보세요.

예시답안: 잠깐만 기다려 보세요. 담배꽁초를 함부로 땅에 버리면 안돼요. 이렇게 하면 공원의 환경을 파괴할 뿐만 아니라 게다가 자칫하면 화재를 일으킬 수도 있어요. 공원은 여러 사람들이 함께 운동하고 산책을 하는 곳이에요. 어떤 사람들은 아이를 데려와 놀기도 해요. 그러므로 공원에서는 담배를 피우지 않는 것이 제일 좋아요. 만약에 담배를 피웠다면 담배꽁초를 쓰레기통에 버리세요. 이렇게 해야 쾌적한 환경을 만들 수 있습니다.

단어
- 烟头 [yāntóu] 명 담배꽁초
- 扔 [rēng] 통 버리다
- 破坏 [pòhuài] 통 파괴하다
- 火灾 [huǒzāi] 명 화재
- 抽烟 [chōuyān] 담배를 피우다

Tip '抽烟[chōuyān]'은 '담배를 피우다'는 뜻의 이합동사로 '吸烟[xīyān]'이라고도 한다. 이와 반대로 '戒烟[jièyān]'은 '금연하다'는 뜻이고 '흡연 금지'는 '禁止抽烟[jìnzhǐchōuyān]'이라고 말한다.

2 질문 你想让孩子去早期留学，但是你的丈夫不同意。
请你说服他吧。

예시답안 老公，我们还是让孩子
lǎo gōng, wǒ men hái shì ràng hái zi

去美国待一年吧。
qù měi guó dāi yì nián ba.

我知道你担心什么。
wǒ zhī dào nǐ dān xīn shén me.

不过你也知道，要在社会上立足，
bú guò nǐ yě zhī dào, yào zài shè huì shàng lì zú,

外语能力多重要啊！
wài yǔ néng lì duō zhòng yào ái

他现在是学外语最好的年龄。
tā xiàn zài shì xué wài yǔ zuì hǎo de nián líng.

要是现在不去，
yào shì xiàn zài bú qù,

以后肯定为学英语而发愁的。
yǐ hòu kěn dìng wèi xué yīng yǔ ér fā chóu de.

再说，他姑妈在美国。
zài shuō, tā gū mā zài měi guó.

孩子跟姑妈在一起生活，
hái zi gēn gū mā zài yì qǐ shēng huó,

肯定会适应好美国生活的。
kěn dìng huì shì yìng hǎo měi guó shēng huó de.

她会照顾好孩子的。
tā huì zhào gù hǎo wǒ men hái zi de.

你听我一次吧，肯定不会错。
zhè cì nǐ tīng wǒ yí cì ba, kěn dìng bú huì cuò.

한글해석 질문: 아이를 조기유학 보내려고 하는데 당신의 남편이 반대합니다. 남편을 설득해 보세요.

예시답안: 여보, 우리 그냥 아이를 미국에 보내서 1년 정도 있도록 해요. 당신이 무슨 걱정을 하는지 저도 알아요. 하지만 당신도 알다시피 이 사회에서 발붙이기 위해서는 외국어 능력이 얼마나 중요한데요! 우리 아이는 지금 외국어를 배우기 가장 좋은 나이에요. 지금 가지 않는다면 나중에 영어 때문에 골치가 아플 거라고요. 게다가 아이의 고모가 미국에 있잖아요. 고모와 함께 생활하면 분명 미국 생활에 잘 적응 할 수 있을 거예요. 아이 고모도 잘 보살펴 줄거예요. 이번에만 제 말대로 해요. 절대로 문제 생기지 않을 거예요.

단어
- 早期留学 [zǎoqīliúxué] 명 조기 유학
- 待 [dāi] 동 머물다
- 能力 [nénglì] 명 능력
- 立足 [lìzú] 동 발을 붙이다
- 发愁 [fāchóu] 동 근심하다

Tip '立足'란 '발을 붙이다'는 뜻의 동사로 '在社会上立足'는 '사회에 발을 붙이다'는 표현이다.
예 上大学是为以后立足社会打基础。
대학에 다니는 것은 훗날 사회에 발을 붙이기 위한 기반을 다지는 것이다.

日本如果不反省过去的错误，那么在国际社会上很难立足。
만약 일본이 과거의 잘못을 반성하지 않는다면 국제사회에서 발붙이기 힘들 것이다.

3 질문 你要去参加考试。但是到了考场才发现你没带来身份证。
请你给你的弟弟打电话让他帮你带身份证来吧。

예시답안 弟弟，你在哪儿呢？
dì di, nǐ zài nǎr ne?

你能帮我一个忙吗？
nǐ néng bāng wǒ yí ge máng ma?

完了我肯定好好谢你。
wán le wǒ kěn dìng hǎo hǎor xiè nǐ.

我今天来参加考试。
wǒ jīn tiān lái cān jiā kǎo shì.

不过到这儿一看，
bú guò dào zhèr yí kàn,

我把身份证忘在家里了。
wǒ bǎ shēn fèn zhèng wàng zài jiā lǐ le.

我求考官让我进去，
wǒ qiú kǎo guān ràng wǒ jìn qù,

但是他坚持说没有身份证
dàn shì tā jiān chí shuō méi yǒu shēn fèn zhèng

不能参加考试。这怎么办啊？
bù néng cān jiā kǎo shì. zhè zěn me bàn a?

麻烦你把我的身份证带来行吗？
má fan nǐ bǎ wǒ de shēn fèn zhèng dài lái xíng ma?

考完试我请客，好吗？
kǎo wán shì wǒ qǐng kè, hǎo ma?

한글해석 질문: 당신이 시험을 보러 갔는데 시험장에 도착해서야 신분증을 가져오지 않은 것을 알았습니다. 남동생에게 전화해서 신분증을 가져다 달라고 부탁해 보세요.

예시답안: 너 지금 어디야? 나 좀 도와줄 수 있어? 내가 꼭 보답할게. 나 지금 시험 보러 왔는데 와서 보니 신분증을 깜박하고 집에 두고 왔어. 시험관에게 들여 보내 달라고 사정해 봤는데 신분증이 없으면 절대 들어갈 수 없다. 이걸 어떡하지? 내 신분증 좀 가져다줘. 시험 끝나고 내가 밥 살게.

단어
- 身份证 [shēnfènzhèng] 명 신분증
- 帮忙 [bāngmáng] 동 돕다
- 考试 [kǎoshì] 명 시험
- 坚持 [jiānchí] 형 견지하다
- 好好儿 [hǎohǎoér] 형 잘, 마음껏

Tip '谢'는 '고맙다'는 뜻 이외에 '사례하다, 보답하다'는 뜻도 있다는 것을 알아두자.

실전 모의고사 답안

第七部分：看图说话

예시답안
小明要去跟他的女朋友约会。
xiǎo míng yào qù gēn tā de nǚ péng you yuē huì.
他去花店买了一束花
tā qù huā diàn mǎi le yí shù huā
想送给女朋友。
xiǎng sòng gěi nǚ péng you.
可是因为地铁上有人很多，
kě shì yīn wèi dì tiě shàng rén hěn duō,
所以他的花被弄坏了。
suǒ yǐ tā de huā bèi nòng huài le.
他拿着已经弄坏了的花
tā ná zhe yǐ jīng nòng huài le de huā
到了约定的场所。
dào le yuē dìng de chǎng suǒ.
为了让女朋友高兴，
wèi le ràng nǚ péng you gāo xìng,
他摘了公园里开的花折断了。
tā zhāi le gōng yuán lǐ de huā zhé duàn le.
就在这时，警察看到了小明。
jiù zài zhè shí, jǐng chá kàn dào le xiǎo míng.
最后，小明被警察批评了一顿。
zuì zhōng, xiǎo míng bèi jǐng chá pī píng le yí dùn.

한글해석 예시답안: 샤오밍은 그의 여자친구와 데이트가 있다. 그는 여자친구에게 꽃을 한 다발 선물하고 싶었다. 그래서 꽃가게에 가서 꽃을 한 다발 샀다. 그러나 지하철에 사람이 너무 많아서 꽃이 다 망가져 버렸다. 그는 이미 다 망가져버린 꽃을 들고 약속장소로 갔다. 그는 여자친구를 기쁘게 해 주고 싶어 공원에 피어 있는 꽃을 꺾었다. 바로 이때 경찰이 샤오밍을 발견했고, 샤오밍은 경찰 아저씨에게 판산을 들었다.

단어
- 约会 [yuēhuì] 동 약속하다
- 一束 [yíshù] 양 한 다발
- 弄 [nòng] 동 ~하다
- 折断 [zhéduàn] 동 꺾다
- 警察 [jǐngchá] 명 경찰

Tip '被'는 '~에 의해 ~당하다'는 뜻의 전치사로 피동문을 만든다. 이렇게 '被'가 들어 있는 문장을 '被자문'이라고 하고 '주어+被+행위자+동사+기타성분'로 표현한다.
예) 我的钱包被小偷偷走了。
나는 지갑을 소매치기당했다.
弟弟被一辆自行车撞了。
남동생이 자전거에 치였다.

실전 모의고사 4

第二部分：看图回答

1 질문 她现在做什么?
예시답안 他在火车站等火车。
tā zài huǒ chē zhàn děng huǒ chē.

한글해석 질문: 그녀는 무엇을 하고 있나요?
예시답안: 그녀는 기차역에서 기차를 기다려요.

단어
- 做 [zuò] 동 ~하다
- 现在 [xiànzài] 명 현재
- 火车 [huǒchē] 명 기차
- 火车站 [huǒchēzhàn] 명 기차역
- 等 [děng] 동 기다리다

Tip '站'은 동사로 '서다'는 뜻이지만 명사로는 '역, 정류장'을 의미한다.
예) 不怕慢，只怕站。
느린 것은 괜찮지만 멈출까 염려된다.
请问，火车站怎么走?
말씀 좀 묻겠습니다, 기차역에 어떻게 가나요?

2 请问, 去钟阁怎么走?
예시답안 钟阁离这儿不太远，
zhōng gé lí zhèr bú tài yuǎn,
坐一号线走一站就到了。
zuò yí hào xiàn zǒu yí zhàn jiù dào le.

한글해석 질문: 말씀 좀 묻겠습니다. 종각에 가려면 어떻게 가나요?
예시답안: 종각은 여기서 멀지 않아요, 1호선을 타고 한 정거장만 가면 됩니다.

단어
- 坐 [zuò] 동 타다
- 号线 [hàoxiàn] 명 호선
- 去 [qù] 동 가다
- 钟阁 [zhōnggé] 명 종각
- 的话 [dehuà] 조 ~라면

Tip 지하철 노선을 말할 때에는 '노선+号线'으로 표현한다. 버스 번호를 말할 때에는 '버스번호+路'로 표현하는 것도 함께 알아두자.
예) 先坐三号线, 到教大站换乘二号线就可以。
먼저 3호선을 타고 교대역에 도착해서 2호선으로 갈아 타세요.
去颐和园要坐306路。
이화원에 가려면 306번을 타야 해요.

3 질문: 行李有多重?
예시답안: 行李有28公斤。
xíng li yǒu èr shí bā gōng jīn.

한글해석 질문: 짐은 얼마나 무겁나요?
예시답안: 짐은 28킬로입니다.

단어
- 行李 [xíngli] 명 짐
- 多 [duō] 부 얼마나
- 重 [zhòng] 형 무겁다
- 公斤 [gōngjīn] 킬로그램
- 有 [yǒu] 동 ~만큼 되다

Tip '多'는 여러 가지 쓰임을 가지고 있다. '숫자+多'는 '이상, 남짓'의 의미이고 '多+형용사'는 '얼마나'라는 뜻으로 의문문을 만든다.
예) 你的大儿子今年多大?
당신의 큰 아들은 올해 몇 살입니까?
今天来参加会议的人大概有20多个人。
오늘 회의에 참석 하러 온 사람은 대략 20명이 넘어요.

4 질문: 他在买自行车吗?
예시답안: 不, 他在修理自行车。
bù, tā zài xiū lǐ zì xíng chē.

한글해석 질문: 그는 자전거를 사고 있나요?
예시답안: 아니요, 그는 자전거를 고치고 있어요.

단어
- 买 [mǎi] 동 사다
- 自行车 [zìxíngchē] 명 자전거
- 不 [bù] 부 아니다
- 修理 [xiūlǐ] 동 수리하다
- 在 [zài] 부 ~하는 중이다

Tip 버스, 자동차, 비행기 등과 같이 좌석이 있는 교통 수단을 탈 때에는 '坐'를 사용하고, 말, 오토바이, 자전거와 같이 기마 자세로 타는 경우에는 '骑'를 사용한다.
예) 骑摩托车要小心。
오토바이는 조심해서 타야 해요.
我们坐出租车走吧!
우리 택시 타고 갑시다.

第三部分 : 快速回答

1 질문: 昨天我在这儿买了一件衬衫。可回家发现衣服上有污迹。请另换一件。
예시답안: 是吗? 真不好意思。请你给我发票,
shì ma? zhēn bù hǎo yì si. qǐng nǐ gěi wǒ fā piào,
我马上给你换另外一件。
wǒ mǎ shàng gěi nǐ huàn lìng wài yí jiàn.

한글해석 질문: 제가 어제 여기에서 셔츠를 하나 샀는데 집에 가서 보니 옷에 얼룩이 있어요. 다른 것으로 바꿔 주세요.
예시답안: 그래요? 정말 죄송합니다. 영수증을 주세요. 곧 다른 것으로 바꿔드리겠습니다.

단어
- 一件 [yíjiàn] 양 한 벌
- 衬衫 [chènshān] 명 셔츠
- 斑痕 [bānhén] 얼룩
- 换 [huàn] 동 바꾸다
- 发票 [fāpiào] 동 영수증

Tip '영수증을 발행하다'는 '开发票'라고 말한다. 이처럼 '开'는 원래 '열다'라는 뜻이지만 다음과 같이 여러 가지 표현이 가능하다.
예) 开灯[kāidēng]: 등을 켜다
开药[kāiyào]: 약을 조제하다
开车[kāichē]: 차를 운전하다
开水[kāishuǐ]: 물을 끓이다
开学[kāixué]: 개학하다

2 질문: 小狗怎么了? 它哪儿不舒服?
예시답안: 它从昨天开始一直不吃东西,
tā cóng zuó tiān kāi shǐ yì zhí bù chī dōng xi,
而且没有力气, 整天趴着睡觉。
ér qiě méi yǒu lì qi, zhěng tiān pā zhe shuì jiào.

한글해석 질문: 강아지가 왜 그래요? 어디가 안좋은가요?
예시답안: 어제부터 아무것도 먹지 않아요. 게다가 힘도 없고 하루 종일 엎드려 잠만 자요.

단어
- 舒服 [shūfu] 형 편안하다
- 力气 [lìqi] 명 기운
- 整天 [zhěngtiān] 명 종일
- 趴 [pā] 동 엎드리다
- 睡觉 [shuìjiào] 동 잠을 자다

Tip '从~开始'는 '~부터 ~을 시작하다'는 뜻으로 동사나 동사구 형태의 목적어를 갖는다.
예) 爸爸从去年开始戒了烟。
아버지는 작년부터 담배를 끊으셨다.
我是从幼儿园开始认字的。
나는 유치원 때부터 글씨를 알았다.

3 질문: 看看, 水果都很新鲜, 你想买什么?
예시답안: 来一斤苹果和两斤桔子,
lái yì jīn píng guǒ hé liǎng jīn jú zi,
一共多少钱?
yí gòng duō shǎo qián?

한글해석 질문: 보세요, 과일이 모두 신선해요, 무엇을 사시겠어요?
예시답안: 사과 한 근이랑 귤 두 근 주세요, 모두 얼마입니까?

실전 모의고사 답안

단어
- 水果 [shuǐguǒ] 명 과일
- 新鲜 [xīnxiān] 형 신선하다
- 斤 [jīn] 양 근
- 苹果 [píngguǒ] 명 사과
- 桔子 [júzi] 명 귤

Tip '来'는 기본적으로 '오다'라는 뜻을 가지고 있지만 '어떤 동작을 하다'는 뜻으로 의미가 구체적인 동사를 대체하여 사용할 수 있다.
예 你去休息吧, 我来吧.
너는 가서 쉬어, 내가 할게.
每次都是你请我吃饭, 今天我来吧.
매번 당신이 저에게 밥을 사는데, 오늘은 제가 살게요.

4 질문: 你好, 请问张代理在吗?
예시답안: 张代理不在, 刚出去了. 您是哪位?
zhāng dài lǐ bú zài, gāng chū qù le. nín shì nǎ wèi?

한글해석
질문: 안녕하세요, 실례지만 장대리 있나요?
예시답안: 장대리 없어요, 방금 나갔어요. 누구신가요?

단어
- 请问 [qǐngwèn] 동 말씀 좀 묻겠습니다
- 代理 [dàilǐ] 명 대리
- 刚 [gāng] 부 방금
- 出去 [chūqù] 동 나가다
- 哪位 [nǎwèi] 어느 분

Tip '哪'는 '어느, 어떤'이라는 뜻의 의문대명사로 주로 양사 앞에 쓰여 같은 사물 가운데서의 확인을 요한다.
예 你在哪个部门工作?
당신은 어느 부서에서 일하나요?
您是哪国人?
당신은 어느 나라 사람인가요?

5 질문: 能不能帮我一个忙? 你能陪我一起去买手机吗?
예시답안: 当然可以. 咱俩是谁跟谁啊?
dāng rán kě yǐ. zán liǎng shì shuí gēn shuí a?

한글해석
질문: 나 좀 도와주실 수 있니? 나와 핸드폰 사러 함께 가줄 수 있니?
예시답안: 당연하지, 우리가 어떤 사이인데!

단어
- 时间 [shíjiān] 명 시간
- 陪 [péi] 동 모시다
- 手机 [shǒujī] 명 핸드폰
- 当然 [dāngrán] 형 당연하다
- 俩 [liǎng] 수 둘

Tip '咱俩是谁跟谁啊!'는 '우리가 어떤 사인데'라는 뜻의 관용어로써 관계가 친밀함을 나타내는 말이다.

第四部分：简短回答

1 질문: 你喜欢看电影吗?
예시답안:
电影是人们生活中
diàn yǐng shì rén men shēng huó zhōng
不可缺少的娱乐项目.
bù kě quē shǎo de yú lè xiàng mù.
我也非常喜欢看电影. 一到周末
wǒ yě fēi cháng xǐ huan kàn diàn yǐng. yí dào zhōu mò
就跟男朋友一起去看电影.
jiù gēn nán péng you yì qǐ qù kàn diàn yǐng.
因为我觉得看电影可以让我减压,
yīn wèi wǒ jué de kàn diàn yǐng kě yǐ ràng wǒ jiǎn yā,
还可以给我带来快乐.
hái kě yǐ gěi wǒ dài lái kuài lè.
最近新的电影上映了. 所以我打算
zuì jìn xīn de diàn yǐng shàng yìng le. suǒ yǐ wǒ dǎ suàn
周末跟朋友去看午夜场.
zhōu mò gēn péng you qù kàn wǔ yè chǎng.

한글해석
질문: 당신은 영화 보는 것을 좋아 하나요?
예시답안: 영화는 인류 생활에서 없어서는 안 되는 오락 프로그램입니다. 저도 영화보는 것을 매우 좋아합니다. 주말만 되면 남자친구와 함께 영화를 보러 갑니다. 왜냐하면 영화를 보면 스트레스를 완화시킬 수 있고 또 즐거움도 가져다 주기 때문입니다. 최근 새로운 영화가 개봉했습니다. 그래서 주말에 친구와 함께 심야영화를 보러 갈 계획입니다.

단어
- 不可缺少 [bú kě quē shǎo] 없어서는 안 된다
- 项目 [xiàngmù] 명 항목, 프로그램
- 减压 [jiǎnyā] 동 스트레스를 줄이다
- 娱乐 [yúlè] 명 오락, 즐거움
- 午夜场 [wǔyèchǎng] 명 심야영화

Tip '午夜场'이란, 밤 12시 이후에 하는 영화나 공연, 쇼 등을 말하는데 늦게 잠을 자는 도시 사람들을 위한 오락시설이다.

2 질문: 你喜不喜欢交朋友?
예시답안:
有一句话叫做:
yǒu yí jù huà jiào zuò:
"在家靠父母出门靠朋友."
"zài jiā kào fù mǔ chū mén kào péng you."
这句话告诉我们朋友的重要性.
zhè jù huà gào su wǒ men péng you de zhòng yào xìng.
朋友是最能了解你, 帮助你的人.
péng you shì zuì néng liǎo jiě nǐ, bāng zhù nǐ de rén.
而且朋友就像一面镜子,
ér qiě péng you jiù xiàng yí miàn jìng zi,
他可以照出你的不足,
tā kě yǐ zhào chū nǐ de bù zú,
也可以照出你的优点.
yě kě yǐ zhào chū nǐ de yōu diǎn.

你在外面受人欺负的时候
nǐ zài wài miàn shòu rénqī fù de shí hou

朋友会来帮你。你伤心低落的时候
péng you huì lái bāng nǐ. nǐ shāng xīn dī luò de shí hou

朋友会安慰你鼓励你。
péng you huì ān wèi nǐ gǔ lì nǐ.

在你无聊的时候朋友会来陪你。
zài nǐ wú liáo de shí hou péng you uì lái péi nǐ.

所以我喜欢交很多朋友。
suǒ yǐ wǒ xǐ huan jiāo hěn duō péng you.

한글해석 질문: 당신은 친구를 사귀는 것을 좋아하나요?
예시답안: '집에서는 부모님께 의지하고 나가서는 친구에게 의지한다'는 말이 있습니다. 이 말은 우리에게 친구의 중요성에 대해 말해 줍니다. 친구는 당신을 가장 잘 이해해 주고 당신을 도와주는 사람입니다. 게다가 친구는 거울입니다. 당신의 부족함을 비추어 주고 또 당신의 장점을 보여주기도 합니다. 당신이 밖에서 괴롭힘을 당할 때 친구는 당신을 도와주러 올 것입니다. 당신이 슬프고 낙심할 때 친구는 당신을 위로해 주고 격려해 줍니다. 당신이 무료할 때 친구는 당신과 함께 해 줄 것입니다. 그래서 저는 친구 사귀는 것을 좋아합니다.

단어
- 靠 [kào] 图 의지하다
- 镜子 [jìngzi] 명 거울
- 照 [zhào] 图 비추다
- 欺负 [qīfù] 图 괴롭히다
- 鼓励 [gǔlì] 图 격려하다

Tip '~에게 괴롭힘을 당하다'는 표현은 피동 형태의 문장이므로 '被人受欺负'로 말하는 것이 옳다. 이것을 '被자문'이라고 하는데 '被'대신 '叫/让'이나 '给'를 사용하여 말할 수 있다.
예) 那本书给他弄丢了。
    그가 그 책을 잃어버렸다.
    钥匙让我找到了。
    나는 열쇠를 찾았다.

3
질문 你觉得怎么能提高汉语水平, 你有特别的学习方法吗?

예시답안
学一门外语是为了和别人沟通,
xué yì mén wài yǔ shì wèi le hé bié ren gōu tōng,

所以最重要的是听和说。
suǒ yǐ zuì zhòng yào de shì tīng hé shuō.

汉语也不例外, 所以首先要
hàn yǔ yě bú lì wài, suǒ yǐ shǒu xiān yào

多听多说。其次要多读。
duō tīng duō shuō. qí cì yào duō dú.

看各种各样的汉语书就可以提高
kàn gè zhǒng gè yàng de hàn yǔ shū jiù kě yǐ tí gāo

你的表达能力。最后要多写。
nǐ de biǎo dá néng lì. zuì hòu yào duō xiě.

写汉字需要练习, 不可能一天能写好。
xiě hàn zì xū yào liàn xí, bù kě néng yì tiān néng xiě hǎo.

提高汉语水平也不是一夜之间
tí gāo hàn yǔ shuǐ píng yě bú shì yí yè zhī jiān

能做到的, 所以要坚持到底。
néng zuò dào de, suǒ yǐ yào jiān chí dào dǐ.

한글해석 질문: 당신은 중국어 실력을 향상시키기 위한 특별한 학습방법이 있나요?
예시답안: 외국어를 배우는 것은 다른 사람과 소통하기 위함입니다. 그러므로 듣기와 말하기가 가장 중요하다고 생각합니다. 중국어도 예외가 아닙니다. 그래서 우선 많이 듣고 많이 말해야 합니다. 두번째로 많이 읽어야 합니다. 다양한 책을 읽으면 당신의 표현능력을 향상시킬 수 있습니다. 마지막으로 많이 써야 합니다. 한자를 쓰는 것은 연습이 필요하고 하루만에 잘 쓸 수 없습니다. 중국어 실력을 향상시키는 일은 하루 아침에 되는 것이 아닙니다. 그러므로 꾸준히 끝까지 해야 합니다.

단어
- 沟通 [gōutōng] 图 소통하다
- 例外 [lìwài] 예외이다
- 表达 [biǎodá] 图 표현하다
- 练习 [liànxí] 图 연습하다
- 一夜之间 [yíyèzhījiān] 하루 아침에

Tip '坚持'란 '견지하다, 고수하다'는 뜻으로 어떤 행위를 포기하지 않고 해나가는 것을 의미하는 동사로, '坚持到底'란 '끝까지 버티다'는 의미이다.
예) 我一直都坚持这我的信念。
    나는 줄곧 나의 신념을 고수하고 있다.
    不要半途而废, 一定要坚持下去。
    중간에 포기하지 말고 꾸준히 해 나가세요.

4
질문 你的家人一般什么时候出去吃饭?

예시답안
我家人一般不怎么出去吃饭。
wǒ jiā rén yì bān bù zěn me chū qù chī fàn.

因为我父母认为在外边儿吃的东西
yīn wèi wǒ fù mǔ rèn wéi zài wài biāar chī de dōng xi

不太健康, 所以让我们最好在
bú tài jiàn kāng, suǒ yǐ ràng wǒ men zuì hǎo zài

家里吃。但是一年有几次纪念日或者
jiā lǐ chī. dàn shì yì nián yǒu jǐ cì jì niàn rì huò zhě

生日的时候一定要去高级饭馆
shēng rì de shí hou yí dìng yào qù gāo jí fàn guǎn

吃饭。上个星期五是我奶奶的生日。
chī fàn. shàng gè xīng qī wǔ shì wǒ nǎi nai de shēng rì.

所以全家人都去饭店为奶奶举办
suǒ yǐ quán jiā rén dōu qù fàn diàn wèi nǎi nai jǔ bàn

生日晚会了。像这样, 我家人在
shēng rì wǎn huì le. xiàng zhè yàng, wǒ jiā rén zài

特别的日子才在外边吃饭。
tè bié de rì zi cái zài wài biān chī fàn.

실전 모의고사 답안

한글해석
질문: 당신의 가족은 보통 언제 외식을 하나요?
예시답안: 우리 가족은 외식을 자주 하지 않습니다. 왜냐하면 부모님은 밖에서 먹는 음식이 건강하지 않다고 생각하시기 때문입니다. 그래서 저희에게 될 수 있는 한 집에서 밥을 먹으라고 하십니다. 그러나 일년 중 몇 번의 기념일 혹은 생일에는 꼭 고급 식당에 가서 밥을 먹습니다. 지난 주 금요일은 우리 할머니의 생신이셨습니다. 그래서 가족 모두 식당에 가서 할머니를 위해 생일 파티를 열었습니다. 이와 같이 우리 가족은 특별한 날만 외식을 합니다.

단어
- 健康 [jiànkāng] 형 건강하다
- 纪念日 [jìniànrì] 명 기념일
- 高级 [gāojí] 형 고급의
- 举办 [jǔbàn] 동 개최하다
- 晚会 [wǎnhuì] 명 파티

Tip '最好'는 술어로 쓰이면 '~하는 것이 가장 좋다'는 표현이지만, 부사로 쓰이면, '가장 바람직한 것은, 제일 좋은 것은'이라는 뜻이다.
예) 夏天天气很热, 还是吃西瓜最好。
여름에 날씨가 더우니 수박을 먹는 것이 제일 좋아요.
最好一天喝一两杯咖啡, 不要喝得太多。
가장 바람직한 것은 하루에 커피를 한 두잔 마시는 것입니다. 너무 많이 마시지 마세요.

5 질문: 你常常在哪儿学习？为什么？
예시답안:
我最喜欢在咖啡厅学习。
wǒ zuì xǐ huan zài kā fēi tīng xué xí.

因为那里环境很舒适，
yīn wèi nà lǐ huán jìng hěn shū shì,

咖啡味儿也很香。
kā fēi wèi er yě hěn xiāng.

学习的时候喝一杯咖啡可以提神，
xué xí de shí hou hē yì bēi kā fēi kě yǐ tí shén,

帮我更专心学习。
bāng wǒ gèng zhuān xīn xué xí.

而且来的客人都是一些工作或者
ér qiě lái de kè rén dōu shì yì xiē gōng zuò huò zhě

看书的人，所以很安静。
kàn shū de rén, suǒ yǐ hěn ān jìng.

不过有时候我也去图书馆学习。
bú guò yǒu shí hou wǒ yě qù tú shū guǎn xué xí.

因为那里有很多参考书。
yīn wèi nà lǐ yǒu hěn duō cān kǎo shū.

学习的时候碰到不明白的问题
xué xí de shí hou pèng dào bù míng bái de wèn tí

就可以参考参考，很方便。
jiù kě yǐ cān kǎo cān kǎo, hěn fāng biàn.

한글해석
질문: 당신은 자주 어디에서 공부하나요? 이유가 무엇입니까?
예시답안: 저는 커피숍에서 공부하는 것을 좋아합니다. 왜냐하면 그 곳은 환경이 편안하고 커피향도 향기롭기 때문입니다. 공부를 할 때 커피를 한 잔 마시면 정신이 들어 집중해서 공부할 수 있습니다. 게다가 오는 손님이 모두 일을 하거나 책을 읽는 사람들이어서 아주 조용합니다. 하지만 가끔은 도서관에 가서 공부를 하기도 합니다. 왜냐하면 그 곳에는 참고서가 많이 있기 때문입니다. 공부를 할 때 이해가 되지 않는 문제가 있으면, 참고할 수 있어 매우 편리합니다.

단어
- 舒适 [shūshì] 형 안락하다
- 提神 [tíshén] 동 정신이 들다
- 专心 [zhuānxīn] 형 전심전력하다, 전념하다
- 参考 [cānkǎo] 동 참고하다
- 碰到 [pèngdào] 동 우연히 만나다

Tip '碰到'는 '만나다, 부딪히다'는 동사로 사람을 우연히 만나거나 어떤 어려움에 봉착했음을 나타낸다.
예) 我在路上碰到了我的一个小学同学。
나는 길에서 우연히 초등학교 동창을 만났어요.
碰到困难时别回避，要勇敢地面对。
어려움에 부딪혔을 때 회피하지 말고 용감하게 맞서라.

第五部分：拓展回答

1 질문: 你觉得女性结婚后应不应该继续工作？
예시답안:
我相信很多女性都面临着
wǒ xiāng xìn hěn duō nǚ xìng dōu miàn lín zhe

这一个问题，尤其是快要生孩子
zhè yí wèn tí, yóu qí shì kuài yào shēng hái zi

或者刚刚生完孩子的人。
huò zhě gāng gāng shēng wán hái zi de rén.

我觉得要是父母愿意帮你
wǒ jué de yào shi fù mǔ yuàn yì bāng nǐ

照顾孩子的话，女性还是要继续工作。
zhào gù hái zi de huà, nǚ xìng hái shì yào jì xù gōng zuò.

因为第一目前社会物价很高，
yīn wèidì yī mù qián shè huì wù jià hěn gāo,

要花钱的地方也很多，所以丈夫
yào huā qián de dì fang yě hěn duō, suǒ yǐ zhàng fu

一个人工作恐怕不够家庭开销。
yí ge rén gōng zuò kǒng pà bú gòu jiā tíng kāi xiāo.

第二，一直在家抚养孩子的话就无法接触
dì èr, yì zhí zài jiā fǔ yǎng hái zi de huà jiù wú fǎ jiē chù

外界世界，以后肯定会被淘汰。
wài jiè shì jiè, yǐ hòu kěn dìng huì bèi táo tài.

第三，没有工作的话就会把注意力
dì sān, méi yǒu gōng zuò de huà jiù huì bǎ zhù yì lì

都集中在丈夫身上。
dōu jí zhōng zài zhàng fu shēn shàng.

这样夫妻之间容易发生冲突，
zhè yàng fū qī zhī jiān róng yì fā shēng chōng tū,

所以这对夫妻关系也没有好处。
suǒ yǐ zhè duì fū qī guān xi yě méi yǒu hǎo chù.

总之，女性结婚后应该继续工作。
zǒng zhī, nǚ xìng jié hūn hòu yīng gāi jì xù gōng zuò.

| 한글 해석 | 질문: 당신은 여성이 결혼한 후에도 계속 일을 해야 한다고 생각하나요?
예시답안: 저는 많은 여성들, 특히 곧 아이를 출산하거나 아이를 출산한 지 얼마 되지 않은 여성들이 이러한 문제에 대면하고 있다고 생각합니다. 저는 만약 부모님이 도와 아이를 보살펴 주시길 원하신다면 여성들 역시 계속 일을 하는 것이 좋다고 생각합니다. 왜냐하면 첫째, 현재 사회는 물가가 비싸고 돈을 써야 하는 곳도 상당히 많기 때문에 남편 혼자 버는 돈으로는 부족합니다. 둘째, 집에서 아이만 키우다 보면 외부 세계를 접할 수 없게 되어 이후에 도퇴되고 말것입니다. 셋째, 일이 없으면 모든 주의를 남편에게 쏟게 됩니다. 그러면 부부 사이에 쉽게 충돌하게 되어 부부 사이에 도움이 되지 않습니다. 한마디로 말해, 여성도 결혼 후 계속 일을 해야 합니다. |

단어
- 面临 [miànlín] 동 직면하다
- 物价 [wùjià] 명 물가
- 恐怕 [kǒngpà] 부 아마도
- 接触 [jiēchù] 동 접촉하다
- 淘汰 [táotài] 동 도퇴하다

Tip '恐怕'는 '아마 ~일 것이다'는 뜻의 부사로 추측과 짐작을 나타낸다.

예 今天他恐怕不会来了。
　오늘 아마 그는 오지 않을 거예요.

恐怕以后再也见不到你了。
아마 이후에 다시는 당신은 만날 수 없을 거예요.

2 질문: 你有没有喜欢的明星?

예시답안:
我从小就很喜欢中国的
wǒ cóng xiǎo jiù hěn xǐ huan zhōng guó de

大明星李连杰。
dà míng xīng lǐ lián jié.

他是我小时候的偶像。
tā shì wǒ xiǎo shí hou de ǒu xiàng.

所以除了他的照片、录像带以外,
suǒ yǐ chú le tā de zhào piàn、lù xiàng dài yǐ wài,

我还收集了跟他有关的新闻材料,
wǒ hái shōu jí le gēn tā yǒu guān de xīn wén cái liào,

一直收藏到现在。其实我刚开始
yì zhí shōu cáng dào xiàn zài. qí shí wǒ gāng kāi shǐ

学汉语的目的就是能看懂
xué hàn yǔ de mù dì jiù shì néng kàn dǒng

他的电影。虽然画面上有字幕,
tā de diàn yǐng. suī rán huà miàn shàng yǒu zì mù,

但是我希望没有字幕也能看得懂。
dàn shì wǒ xī wàng méi yǒu zì mù yě néng kàn de dǒng.

每次学汉语的时候我都想,
měi cì xué hàn yǔ de shí hou wǒ dōu xiǎng,

要是以后能见到他,我一定要
yào shi yǐ hòu néng jiàn dào tā, wǒ yí dìng yào

用一口流利的汉语跟他打招呼。
yòng yì kǒu liú lì de hàn yǔ gēn tā dǎ zhāo hu.

到现在我还没见过他一次,
dào xiàn zài wǒ hái méi jiàn guò tā yí cì,

但是他永远是我心目中的偶像。
dàn shì tā yǒng yuǎn shì wǒ xīn mù zhōng de ǒu xiàng.

| 한글 해석 | 질문: 당신은 좋아하는 스타가 있나요?
예시답안: 저는 어려서부터 중국의 대스타 이연걸을 좋아했습니다. 그는 제 어릴 적 우상이였습니다. 그래서 사진, 비디오테이프 이외에도 그와 관련된 신문은 모두 수집해서 지금까지 소장하고 있습니다. 사실 제가 막 중국어를 배우기 시작했을 때 저의 가장 큰 목표는 그의 영화를 이해하는 것이었습니다. 비록 자막이 있기는 하지만 저는 자막없이 영화를 이해하고 싶었습니다. 매번 중국어를 공부할때 이후에 그를 만나면 유창한 중국어로 인사를 하는 상상을 했습니다. 비록 이제까지 그를 한 번도 만나보지 못했지만 그는 제 마음 속 영원한 우상입니다. |

단어
- 明星 [míngxīng] 명 스타
- 偶像 [ǒuxiàng] 명 우상
- 录像带 [lù xiàng dài] 명 비디오테이프
- 收集 [shōují] 동 수집하다
- 收藏 [shōucáng] 동 소장하다

Tip 동작이 발생한 횟수를 나타낼 때에는 '동사+횟수+일반 목적어'로 쓴다. 그러나 목적어가 인명 또는 지명일 경우에는 동사 앞 뒤로 쓸 수 있다.

예 我去过中国好几次了。
나는 중국에 여러 번 가봤다. (= 我去过好几次中国了。)

3 질문: 很多大学毕业生都愿意进大公司。
你觉得大学生毕业后一定要进大公司工作吗?

예시답안:
要是具备进大公司的条件的话
yào shì jù bèi jìn dà gōng sī de tiáo jiàn de huà

还是选择进入一家大点的公司好。
hái shì xuǎn zé jìn rù yì jiā dà diǎn de gōng sī hǎo.

因为大公司不仅工资高,
yīn wèi dà gōng sī bù jǐn gōng zī gāo,

福利待遇好, 工作流程也很完善,
fú lì dài yù hǎo, gōng zuò liú chéng yě hěn wán shàn,

所以可以学到很多东西。
suǒ yǐ kě yǐ xué dào hěn duō dōng xi.

但是如果没有条件进入大公司的
dàn shì rú guǒ méi yǒu tiáo jiàn jìn rù dà gōng sī de

毕业生也不要在一棵树上吊死。
bì yè shēng yě bú yào zài yì kē shù shàng diào sǐ.

他们可以先到小一点儿
tā men kě yǐ xiān dào xiǎo yì diǎnr

但是有发展潜力的公司去积累
dàn shì yǒu fā zhǎn qián lì de gōng sī qù jī lěi

실전 모의고사 답안

工作经验, 然后再换工作也可以。
gōng zuò jīng yàn, rán hòu zài huàn gōng zuò yě kě yǐ.

总而言之, 不管是大公司
zǒng ér yán zhī, bù guǎn shì dà gōng sī

还是小公司最重要的是
hái shì xiǎo gōng sī zuì zhòng yào de shì

都要尽到自己最大的努力。
dōu yào jìn dào zì jǐ zuì dà de nǔ lì.

한글 해석
질문: 많은 대학 졸업생들이 대기업에 입사하기를 원합니다. 당신은 대학 졸업생들이 반드시 대기업에 입사해야 한다고 생각하나요?
예시답안: 만약 대기업에 입사할 조건이 갖추어져 있다면 큰 기업에 입사하는 것이 좋습니다. 왜냐하면 대기업은 월급도 많고 복리 대우도 좋으며 업무 공정 또한 잘 갖추어져 있어서 많은 것을 배울 수 있기 때문입니다. 그러나 만약 대기업에 입사할 조건이 되지 않는다면 대기업에 들어가는 것에 목숨 걸지 말고, 작지만 발전 잠재력이 있는 회사에 가서 경험을 쌓은 뒤 이직을 해도 좋습니다. 총괄하여 말하면 큰 회사든 작은 회사든 최선을 다하는 것이 가장 중요합니다.

단어
- 福利待遇 [fúlìdàiyù] 명 복리대우
- 完善 [wánshàn] 동 완전히 갖추어져 있다
- 吊死 [diàosǐ] 동 목을 매 죽다
- 潜力 [qiánlì] 명 잠재력
- 尽 [jìn] 동 다하다

Tip '在一棵树上吊死'는 '한 그루의 나무에 목을 매다'로 해석할 수 있지만 이것은 한 가지에만 목숨을 거는 행위를 비유하는 표현이다.

4
질문: 你觉得学历重要还是能力重要?
예시답안: 我觉得还是能力大于学历,
wǒ jué de hái shì néng lì dà yú xué lì,

但这不是说学历不重要。
dàn zhè bú shì shuō xué lì bú zhòng yào.

其实找工作的时候学历是
qí shí zhǎo gōng zuò de shí hou xué lì shì

第一个门槛。要是你没有学历的话
dì yī ge mén kǎn. yào shì nǐ méi yǒu xué lì de huà

就连面试的机会都没有。
jiù lián miàn shì de jī huì dōu méi yǒu.

所以在具备一定学历的前提下
suǒ yǐ zài jù bèi yí dìng xué lì de qián tí xià

才能说学历比能力重要。
cái néng shuō xué lì bǐ néng lì zhòng yào.

学历只是一个人的知识程度,
xué lì zhǐ shì yí ge rén de zhī shí chéng dù,

能力才是发挥。
néng lì cái shì fā huī.

有知识却没有能力的话,
yǒu zhī shí què méi yǒu néng lì de huà,

他的知识就得不到充分地发挥。
tā de zhī shí jiù dé bú dào chōng fèn de fā huī.

所以我觉得能力大于学历。
suǒ yǐ wǒ jué de néng lì dà yú xué lì.

한글 해석
질문: 당신은 학력과 능력 중 어느 것이 중요하다고 생각하나요?
예시답안: 저는 능력이 더 중요하다고 생각합니다. 그러나 이것은 학력이 중요하지 않다는 말은 아닙니다. 사실 직업을 찾을 때 학력은 첫번째 관문입니다. 만약 학력이 없다면 면접의 기회조차도 없을 것입니다. 그래서 어느 정도의 학력을 갖춘 상황에서 능력이 학력보다 중요하다고 말할 수 있을 것입니다. 학력은 한 사람의 지식 정도이고 능력이야 말로 그것을 발휘할 수 있는 것입니다. 지식은 있지만 능력이 없다면 그 지식은 충분히 발휘되지 못할 것입니다. 그러므로 저는 능력이 학력보다 중요하다고 생각합니다.

단어
- 门槛 [ménkǎn] 명 문지방, 문턱
- 学历 [xuélì] 명 학력
- 面试 [miànshì] 동 면접을 보다
- 知识 [zhīshí] 명 지식
- 发挥 [fāhuī] 동 발휘하다

Tip 'A大于B'는 'A가 B보다 크다' 또는 'A가 B보다 중요하다'는 표현이다.
예 实用性的重要程度大于外观。
실용성의 중요도가 외관보다 중요하다.
太阳大于地球。 태양은 지구보다 크다.

第六部分: 情景应对

1 질문: 今天晚上你跟朋友约好一起去看电影。
不过因为天黑了所以妈妈很担心你出去。
请你告诉她你出门的理由而让妈妈放心。

예시답안: 妈妈, 我可以跟朋友去看电影吗?
mā ma, wǒ kě yǐ gēn péng you qù kàn diàn yǐng ma?

您认识我的同桌小李吧?
nín rèn shi wǒ de tóng zhuō xiǎo lǐ ba?

我做作业的时候她常常帮我,
wǒ zuò zuò yè de shí hou tā cháng cháng bāng wǒ,

我没带盒饭的时候也分给我吃。
wǒ méi dài hé fàn de shí hou yě fēn gěi wǒ chī.

还有, 上次因为我感冒
hái yǒu, shàng cì yīn wèi wǒ gǎn mào

请假的时候她替我记的笔记。
qǐng jiǎ de shí hou tā tì wǒ jì de bǐ jì.

所以我想请她看电影。再说,
suǒ yǐ wǒ xiǎng qǐng tā kàn diàn yǐng. zài shuō,

小李的姐姐送我们去电影院,
xiǎo lǐ de jiě jie sòng wǒ men qù diàn yǐng yuàn,

看完电影还要来接我们。
kàn wán diàn yǐng hái yào lái jiē wǒ men.

11点之前一定到家,
shí yī diǎn zhī qián yí dìng dào jiā,

所以您不用担心。
suǒ yǐ nín bú yòng dān xīn.

回家的时候我给您打电话吧。
huí jiā de shí hou wǒ gěi nín dǎ diàn huà ba.

한글해석 질문: 오늘 저녁 당신과 당신 친구는 함께 영화를 보러 가기로 약속했습니다. 그러나 날이 어두워져 어머니가 당신이 외출하는 것을 걱정합니다. 어머니께 외출하는 이유를 말씀드리고 안심시켜 보세요.

예시답안: 엄마, 저 친구랑 같이 영화보러 가도 되요? 내 짝꿍 샤오리 아시죠? 그 아이는 자주 제가 숙제하는 것을 도와주고 내가 도시락을 싸가지 않으면 자기 것을 저와 나누어 먹어요. 게다가 지난 번 제가 감기에 걸려 조퇴했을 때에도 필기도 대신해 주었어요. 그래서 제가 샤오리에게 영화를 보여준다고 약속했어요. 또 샤오리 언니가 우리를 영화관까지 바래다 줄거예요, 또 영화가 끝나면 데리러 온다고 했어요. 11시 전에 꼭 돌아올게요, 그러니 걱정 마세요. 집에 돌아올 때 전화 드릴게요.

단어
- 同桌 [tóngzhuō] 명 짝꿍
- 盒饭 [héfàn] 명 도시락
- 请假 [qǐng jià] 동 휴가를 신청하다
- 笔记 [bǐjì] 명 필기
- 接 [jiē] 동 마중하다

Tip 'A帮B+동사구' 형태로 쓰여 'A는 B가 ~하는 것을 돕다'는 표현이다.

예 你能帮我给他留个言吗?
제가 그에게 메시지 남기는 것을 도와주시겠어요?
我每次吃完晚饭就去帮妈妈洗碗。
나는 매번 저녁을 먹은 후 어머니를 도와 설거지를 한다.

2

질문 丈夫每天喝酒很晚才回家。你在妻子的立场上劝劝他吧。

예시답안
你怎么每天都这么晚才回家?
nǐ zěn me měi tiān dōu zhè me wǎn cái huí jiā?

这样生活不仅浪费钱还对
zhè yàng shēng huó bù jǐn làng fèi qián hái duì

身体不好。早上起来上班多累啊?
shēn tǐ bù hǎo. zǎo shang qǐ lái shàng bān duō lèi a?

孩子们每天晚上都等着你
hái zi men měi tiān wǎn shang dōu děng zhe nǐ

回来呢。今天也是等到12点
huí lái ne. jīn tiān yě shì děng dào shí èr diǎn

才睡觉的。你是我们家的家长,
cái shuì jiào de. nǐ shì wǒ men jiā de jiā zhǎng,

所以得为家庭和睦着想啊!
suǒ yǐ děi wèi jiā tíng hé mù zhuó xiǎng a!

你知道每天晚上我跟孩子们
nǐ zhī dào měi tiān wǎn shang wǒ gēn hái zi men

多害怕吗? 我希望你每个星期
duō hài pà ma? wǒ xī wàng nǐ měi gè xīng qī

有三次能早点儿回家一起吃晚饭,
yǒu sān cì néng zǎo diǎnr huí jiā yì qǐ chī wǎn fàn,

跟孩子聊聊天, 看看电视。好吗?
gēn hái zi liáo liáo tiān, kàn kàn diàn shì. hǎo ma?

한글해석 질문: 남편이 매일 술을 마시고 늦게 돌아옵니다. 아내의 입장에서 남편을 타일러 보세요.

예시답안: 당신 왜 맨날 늦게 들어오나요? 이렇게 생활하면 돈을 낭비할 뿐만 아니라 건강에도 좋지 않아요. 아침에 일어나서 출근하는 것이 얼마나 힘들겠어요? 아이들이 매일 저녁 당신이 돌아오길 기다려요. 오늘도 12시까지 기다리다 잠들었어요. 당신은 우리집 가장이예요, 그러니 가정의 화목을 생각해 보아야 해요. 매일 저녁 저와 아이들이 얼마나 무서운지 아세요? 나는 당신이 일주일에 세번은 일찍 돌아와 함께 저녁을 먹고 아이들과 대화도 나누고 텔레비전도 보았으면 좋겠어요. 알겠죠?

단어
- 浪费 [làngfèi] 동 낭비하다
- 睡觉 [shuìjiào] 동 잠을 자다
- 和睦 [hémù] 형 화목하다
- 着想 [zhuóxiǎng] 동 고려하다
- 害怕 [hàipà] 무섭다

Tip '为~着想'는 '~을 고려하다, 염두하다'라는 뜻의 전치사구 표현이다.

예 父母都是真心为孩子着想。
부모님은 진심으로 아이를 위한다.
小明处处都为员工们着想。
샤오밍은 모든 것에 직원들을 고려한다.

3

질문 你住的公寓电梯坏了。
给管理人员打电话说明情况并解决问题吧。

예시답안
喂, 你好。
wéi, nǐ hǎo.

第一栋楼三单元的电梯又停了,
dì yī dòng lóu sān dān yuán de diàn tī yòu tíng le,

很多人都在一层上不去呢。
hěn duō rén dōu zài yī céng shàng bú qù ne.

这几天电梯怎么这么频繁地
zhè jǐ tiān diàn tī zěn me zhè me pín fán de

发生故障呢? 每次电梯故障的
fā shēng gù zhàng ne? měi cì diàn tī gù zhàng de

时候都要走楼梯, 又累又不方便。
shí hou dōu yào zǒu lóu tī, yòu lèi yòu bù fāng biàn.

最大的问题还是安全。住在这栋楼的
zuì dà de wèn tí hái shì ān quán. zhù zài zhè dòng lóu de

실전 모의고사 답안

居民们都很不安, 不知道什么时候
jū mín men dōu hěn bù ān, bù zhī dào shén me shí hou
又出故障发生事故。
yòu chū gù zhàng fā shēng shì gù.
你们还是早日进行全面检查和
nǐ men hái shi zǎo rì jìn xíng quán miàn jiǎn chá hé
修理吧。不然大家都会不放心的。
xiū lǐ ba. bù rán dà jiā dōu huì bú fàng xīn de.

한글 해석
질문: 당신이 살고 있는 아파트에 엘리베이터가 고장이 났습니다. 관리인에게 전화를 걸어 상황을 설명하고 문제를 해결해 보세요.

예시답안: 여보세요, 안녕하세요. 3동의 엘리베이터가 또 멈췄어요. 지금 사람들이 1층에서 올라가지 못하고 있어요. 요즘 엘리베이터가 왜 이렇게 자주 고장이 나는 거죠? 매번 엘리베이터가 고장 날 때마다 걸어서 계단을 올라가야 하는데 힘들고 불편해요. 가장 큰 문제는 안전 문제예요. 이 동에 사는 주민들 모두 언제 또 고장이 나서 사고가 발생할지 몰라 불안해 하고 있어요. 하루 빨리 전면적인 검사와 수리를 해야 합니다. 그렇지 않으면 안심이 안 되요.

단어
- 公寓 [gōngyù] 명 아파트
- 单元 [dānyuán] 명 (아파트) 라인
- 电梯 [diàntī] 명 엘리베이터
- 故障 [gùzhàng] 동 고장나다
- 检查 [jiǎnchá] 동 검사하다

Tip '放心'은 '마음을 놓다, 안심하다'는 뜻의 동사로 방향보어 '下'가 쓰여 동작이 아래 방향으로 향하고 있음을 보여준다. '동사+不+방향보어/결과보어'는 '~할 수 없다'는 불가능의 의미임을 알아두자.
예 我太累了, 爬不上去了。
나는 너무 힘들어서 올라갈 수가 없어요.
饭太多了, 我吃不完。
밥이 너무 많아서 다 먹을 수 없어요.

第七部分：看图说话

 一个男生在禁止吸烟的地方抽烟。
yí ge nán shēng zài jìn zhǐ xī yān de dì fang chōu yān.
因为烟味儿很大,
yīn wèi yān wèir hěn dà,
所以周围的一对恋人捂着鼻子。
suǒ yǐ zhōu wéi de yí duì liàn rén wǔ zhe bí zi.
这个男生抽完烟后随手
zhè ge nán shēng chōu wán yān hòu suí shǒu
把烟头扔在地上。后边的那对恋人
bǎ yān tóu rēng zài dì shàng. hòu biān de nà duì liàn rén
看到他没礼貌的样子非常吃惊。
kàn dào tā méi lǐ mào de yàng zi fēi cháng chī jīng.

这时, 远处有一个警察看到
zhè shí, yuǎn chù yǒu yí ge jǐng chá kàn dào
这个男生随地扔烟头,
zhè ge nán shēng suí dì rēng yān tóu,
就过来罚了他的款。
jiù guò lái fá le tā de kuǎn.

한글 해석
예시답안: 한 남자가 금연이라고 표시된 곳에서 담배를 피고 있다. 담배 냄새가 심해 그 주위에 있던 한 쌍의 연인 코를 막고 있다. 이 남자는 담배를 다 피우고 담배 꽁초를 땅바닥에 버렸다. 뒤에 서 있던 연인은 그의 무례한 행동을 보고 깜짝 놀랐다. 이 때 멀리 있던 경찰이 이 남자가 함부로 담배 꽁초를 버리는 모습을 보고 건너와 벌금을 물게 했다.

단어
- 禁止 [jìnzhǐ] 동 금지하다
- 捂 [wǔ] 동 (손으로) 막다
- 吃惊 [chījīng] 동 놀라다
- 烟头 [yāntóu] 명 담배꽁초
- 罚款 [fákuǎn] 동 벌금을 부과하다

Tip '有/没有+명사+동사'의 순서로 나타내는 이 표현을 '有자 겸어문'이라 하고 '~할 ~가 있다/없다'로 해석한다.
예 我有时间跟你一起去爬山。
나는 당신과 함께 등산갈 시간이 있어요.
我没有钱买衣服。나는 옷을 살 돈이 없어요.

실전 모의고사 5

第二部分：看图回答

1 질문 这台电脑多少钱？

예시답안 这台电脑4500块钱,
zhè tái diàn nǎo sì qiān wǔ bǎi kuài qián,
是刚上市的。
shì gāng shàng shì de.

한글 해석
질문: 이 컴퓨터는 얼마인가요?
예시답안: 이 컴퓨터는 4500위안이에요. 신상품입니다.

단어
- 台 [tái] 양 전자기기를 세는 양사
- 电脑 [diànnǎo] 명 컴퓨터
- 块 [kuài] 위안
- 刚 [gāng] 부 막
- 上市 [shàngshì] 동 출시되다

Tip '刚'은 '방금, 막'이라는 뜻의 부사로 동작이 발생한 지 얼마 되지 않음을 나타낸다. 유의어로 '刚才'가 있는데 '刚才'는 시간 명사이므로 주어의 앞, 뒤에 놓일 수 있다.
예 刚才你说什么了？我没听清楚。
방금 뭐라고 하셨어요? 잘 못 들었어요.

2
질문: 他们在踢足球吗？

예시답안: 不，他们在打棒球，看起来很高兴。
bù, tā men zài dǎ bàng qiú, kàn qǐ lai hěn gāo xìng.

한글해석
질문: 그들은 축구를 하고 있나요?
예시답안: 아니요, 그들은 야구를 하고 있어요, 매우 즐거워 보입니다.

단어
- 踢 [tī] 동 차다
- 足球 [zúqiú] 명 축구
- 打棒球 [dǎbàngqiú] 동 야구를 하다
- 看起来 [kànqǐlai] 보아하니
- 高兴 [gāoxìng] 형 기쁘다

Tip '看起来'는 '보아하니 ~하다'라는 뜻으로 '看来'와 같은 표현이다.
예) 你看起来很累啊!
　　보아하니 당신은 피곤한 것 같아요!
　　看来就要下雨了。
　　보아하니 비가 내릴 것 같아요.

3
질문: 她在做什么？

예시답안: 她现在在银行开立帐户。
tā xiàn zài zài yín háng kāi lì zhàng hù.

한글해석
질문: 그녀는 무엇을 하고 있나요?
예시답안: 그녀는 지금 은행에서 계좌를 개설하고 있어요.

단어
- 做 [zuò] 동 ~하다
- 现在 [xiànzài] 명 지금
- 银行 [yínháng] 명 은행
- 开 [kāi] 동 개설하다
- 帐户 [zhànghù] 명 계좌

Tip 은행과 관련된 표현을 알아보자.
- 开立帐户 [kāilizhànghù] 계좌를 개설하다
- 输入密码 [shūrùmìmǎ] 비밀번호를 입력하다
- 存钱 [cúnqián] 입금하다
- 取钱 [qǔqián] 출금하다
- 换钱 [huànqián] 환전하다
- 贷款 [dàikuǎn] 대출하다
- 利息 [lìxī] 이자
- 信用卡 [xìnyòngkǎ] 신용카드

4
질문: 医院的电话号码是多少？

예시답안: 医院的电话号码是
yī yuàn de diàn huà hào mǎ shì

零二八五六零幺二四。
líng èr bā wǔ liù líng yāo èr sì.

한글해석
질문: 병원 전화번호는 몇 번인가요?
예시답안: 병원 전화번호는 02-856-0124 입니다.

단어
- 医院 [yīyuàn] 명 병원
- 电话 [diànhuà] 명 전화
- 号码 [hàomǎ] 명 번호
- 多少 [duōshǎo] 대 몇, 얼마
- 幺 [yāo] 명 (숫자) 1

Tip 전화번호, 방 번호, 차 번호와 같이 나열된 숫자를 읽을 때에는 한 자리씩 읽는다. 주의할 점은 숫자 1은 '一[yī]'가 아니라 '幺[yāo]'라고 발음한다.

第三部分：快速回答

1
질문: 你想找什么样的男朋友？我给你介绍一下？

예시답안: 好啊！我喜欢性格好，
hǎo a! wǒ xǐ huan xìng gé hǎo,

聪明体贴的男生。
cōng ming tǐ tiē de nán shēng.

我不是特别看重外貌。
wǒ bú shì tè bié kàn zhòng wài mào.

한글해석
질문: 당신은 어떤 남자친구를 찾나요? 제가 소개시켜 줄까요?
예시답안: 좋아요! 저는 성격이 좋고 똑똑하고 자상한 남자가 좋아요. 외모는 중요하게 생각하지 않아요.

단어
- 什么样 [shénmeyàng] 대 어떤
- 介绍 [jièshào] 동 소개하다
- 聪明 [cōngming] 형 총명하다
- 体贴 [tǐtiē] 자상하다
- 外貌 [wàimào] 명 외모

Tip 성격과 관련된 표현을 알아보자.
- 温柔 [wēnróu] 온화하다　　善良 [shànliáng] 선량하다
- 活泼 [huópō] 활발하다　　开朗 [kāilǎng] 명랑하다
- 正直 [zhèngzhí] 정직하다　　乐观 [lèguān] 낙관적이다
- 调皮 [tiáopí] 짓궂다　　真诚 [zhēnchéng] 진실하다
- 纯朴 [chúnpǔ] 소박하다　　虚心 [xūxīn] 겸손하다
- 热情 [rèqíng] 열정적이다　　坚强 [jiānqiáng] 굳세다

2
질문: 饭桌上怎么都是蔬菜啊？我想吃糖醋肉。

예시답안: 糖醋肉油太大，而且是用猪肉做的。
táng cù ròu yóu tài dà, ér qiě shì yòng zhū ròu zuò de.

医生不是说你有高血压
yī shēng bú shì shuō nǐ yǒu gāo xuè yā

得多吃蔬菜吗？
děi duō chī shū cài ma?

한글해석
질문: 식탁에 어떻게 야채만 있어요? 저는 탕수육이 먹고 싶어요.
예시답안: 탕수육은 너무 기름지죠, 게다가 돼지고기로 만든 거잖아요. 의사가 당신은 고혈압이 있으니 야채를 많이 먹으라고 한 것 잊었어요?

실전 모의고사 답안

단어
- 蔬菜 [shūcài] 몡 야채
- 糖醋肉 [tángcùròu] 몡 탕수육
- 油 [yóu] 몡 기름
- 猪肉 [zhūròu] 몡 돼지고기
- 高血压 [gāoxuèyā] 몡 고혈압

Tip '不是说~吗?'는 '~라고 말하지 않았나요?'라는 뜻으로 긍정의 의미를 강조하는 반어문 표현이다.
예 我不是说他肯定会考上大学吗?
그가 분명히 대학에 합격할 거라고 내가 말하지 않았나요?
他不是说要坐明天晚上的飞机吗?
그가 내일 저녁에 비행기를 탄다고 말하지 않았나요?

3 질문: 下个月我要结婚了。我希望你来喝喜酒。
예시답안: 你是我的好朋友, 我能不去吗?
nǐ shì wǒ de hǎo péng you, wǒ néng bú qù ma?
我一定去。
wǒ yí dìng qù.

한글해석 질문: 나 다음 달에 결혼해. 네가 와서 축하주를 마셨으면 좋겠어.
예시답안: 너는 나의 좋은 친구인데 안 갈 수 있니? 꼭 갈게.

단어
- 结婚 [jiéhūn] 동 결혼하다
- 希望 [xīwàng] 동 희망하다
- 喜酒 [xǐjiǔ] 몡 축하주
- 能 [néng] 동 ~할 수 있다
- 一定 [yídìng] 부 꼭

Tip '能不~吗?'는 '~하지 않을 수 있겠니?'라는 뜻으로는 반어문 표현 중 하나이다.
예 这么晚了孩子还没回家, 我能不担心吗?
이렇게 늦게까지 아이가 들어오지 않았는데 걱정이 안되겠어요?
他跟女朋友分手了, 能不伤心吗?
그가 여자친구랑 헤어졌는데 슬프지 않겠어요?

4 질문: 我等了半天了, 怎么还不上菜啊?
예시답안: 真抱歉, 现在客人比较多。
zhēn bào qiàn, xiàn zài kè rén bǐ jiào duō.
请您再等十分钟好吗?
qǐng nín zài děng shí fēn zhōng hǎo ma?
马上就来。
mǎ shàng jiù lái.

한글해석 질문: 한참을 기다렸는데 왜 아직 음식이 나오지 않죠?
예시답안: 정말 죄송합니다. 지금 손님이 비교적 많아요. 10분만 더 기다려 주시겠어요? 곧 나옵니다.

단어
- 半天 [bàntiān] 몡 한참 동안
- 上菜 [shàngcài] 동 요리를 내오다
- 抱歉 [bàoqiàn] 동 죄송합니다
- 客人 [kèrén] 몡 손님
- 马上 [mǎshàng] 부 곧

Tip '동사+시량보어'는 동작이 지속된 시간을 나타낸다. '等了半天了'은 '반나절을 기다렸다'는 뜻이 아니라 '한참 동안 기다렸다'는 뜻임에 주의하자.
예 我说了半天, 你怎么还听不明白啊?
내가 한참을 말했는데 당신은 왜 이해를 못해요?
想了半天也想不出来。
한참 동안 생각해도 생각이 나지 않아요.

5 질문: 你在去哪儿呢? 手机找到了吗?
예시답안: 哪儿啊, 找不着了。所以现在要去
nǎr a, zhǎo bù zháo le. suǒ yǐ xiàn zài yào qù
买手机呢。你能陪我去吗?
mǎi shǒu jī ne. nǐ néng péi wǒ qù ma?

한글해석 질문: 당신 어디 가요? 휴대전화는 찾았어요?
예시답안: 아니요. 못 찾았어요. 그래서 지금 휴대전화 사러 가는 길이에요. 저와 같이 가 줄 수 있어요?

단어
- 手机 [shǒujī] 몡 휴대전화
- 找 [zhǎo] 동 찾다
- 哪儿啊 [nǎěrā] 아니요
- 找不着 [zhǎobuzháo] 찾을 수 없다
- 陪 [péi] 동 모시다

Tip 하나의 주어가 두 개 이상의 동사를 갖는 문장을 연동문이라고 한다. 연동문에서 동사의 순서는 동작이 발생한 순서이다.
예 我去图书馆借书了。
나는 도서관에 가서 책을 빌렸다.
她骑自行车来学校了。
그녀는 자전거를 타고 학교에 왔다.

第四部分: 简短回答

1 질문: 如果你要送父母礼物, 那么你想送什么?
예시답안: 如果我要送父母礼物,
rú guǒ wǒ yào sòng fù mǔ lǐ wù,
我一定选择补药。
wǒ yí dìng xuǎn zé bǔ yào.
因为我父母年纪大, 所以身体很弱。
yīn wèi wǒ fù mǔ nián jì dà, suǒ yǐ shēn tǐ hěn ruò.
补药可以增强元气,
bǔ yào kě yǐ zēng qiáng yuán qì,
还可以提高免疫力。
hái kě yǐ tí gāo miǎn yì lì.
其实我父母很喜欢旅行。
qí shí wǒ fù mǔ hěn xǐ huan lǚ xíng.
年轻的时候为生活舍不得
nián qīng de shí hou wèi shēng huó shě bu dé
花钱去旅游, 但是现在我想
huā qián qù lǚ yóu, dàn shì xiàn zài wǒ xiǎng
陪他们去也去不了了。
péi tā men qù yě qù bu liǎo le.

由于母亲关节不好不能出远门
yóu yú mǔ qīn guān jié bù hǎo bù néng chū yuǎn mén
长时间走路。我打算这个月
cháng shí jiān zǒu lù. wǒ dǎ suan zhè ge yuè
一发工资就给父母送补药。
yì fā gōng zī jiù gěi fù mǔ sòng bǔ yào.

한글 해석

질문: 만약에 당신이 부모님께 선물을 한다면 무엇을 드리고 싶나요?

예시답안: 만약 제가 부모님께 선물을 드린다면 저는 보약을 선택할 것입니다. 왜냐하면 부모님이 연세가 많아 허약하시기 때문입니다. 보약은 원기를 강하게 하고 면역력도 높여 줍니다. 사실 부모님은 여행을 좋아하십니다. 젊은 시절에는 생계로 인해 여행에 돈을 쓰시는 것을 아까워하셨지만 지금은 제가 모시고 여행을 가고 싶어도 갈 수가 없습니다. 왜냐하면 어머니 관절이 좋지 않아 먼 곳으로 외출을 하거나 오랜 시간 걸으실 수 없기 때문입니다. 저는 이번 달 월급이 나오자마자 부모님께 보약을 해 드릴 계획입니다.

단어
- 礼物 [lǐwù] 명 선물
- 补药 [bǔyào] 명 보약
- 弱 [ruò] 형 약하다
- 增强 [zēngqiáng] 동 강화하다
- 免疫力 [miǎnyìlì] 명 면역력

Tip '想+동사+也+동사不了'는 '~하고 싶어도 ~할 수 없다'는 표현이다. '동사+不了'는 가능보어의 하나로 '할 수 없다'는 뜻이다.

예) 我现在没有钱, 想买也买不了。
나는 지금 돈이 없어서 사고 싶어도 못산다.
我的腿受伤了, 想踢也踢不了球。
나는 다리를 다쳐서 축구를 하고 싶어도 못한다.

2 질문: **你的朋友要去中国旅行。你要推荐他去什么地方?**

예시답안: 如果他是第一次去中国旅行的话,
rú guǒ tā shì dì yī cì qù zhōng guó lǚ xíng de huà,
我会推荐他去中国的首都——北京。
wǒ huì tuī jiàn tā qù zhōng guó de shǒu dōu — běi jīng.
北京不但有很多名胜古迹,
běi jīng bú dàn yǒu hěn duō míng shèng gǔ jì,
也有很多游玩儿的地方。
yě yǒu hěn duō yóu wánr de dì fang.
要是他去过北京的话,
yào shì tā qù guò běi jīng de huà,
那么我想让他去西安看看。
nà me wǒ xiǎng ràng tā qù xī ān kàn kan.
西安是中国的历史名城。
Xī'ān shì zhōng guó de lì shǐ míng chéng.
那里可以看到秦始皇陵、兵马俑、
nà lǐ kě yǐ kàn dào qín shǐ huáng líng、bīng mǎ yǒng、
华清池等等。不仅可以了解
huá qīng chí děng děng. bù jǐn kě yǐ liǎo jiě

中国历史, 还可以亲眼目睹
zhōng guó lì shǐ, hái kě yǐ qīn yǎn mù dǔ
中国发展的现状。
zhōng guó fā zhǎn de xiàn zhuàng.
这些地方都值得去看看。
zhè xiē dì fang dōu zhí dé qù kàn kan.

한글 해석

질문: 당신의 친구가 중국에 여행 가려고 합니다. 그에게 어느 곳에 갈 것을 추천해 주겠습니까?

예시답안: 만약 그가 처음 중국에 여행 가는 것이라면 중국의 수도인 베이징을 추천해 주겠습니다. 베이징에는 많은 명승고적이 있을 뿐만 아니라 놀 수 있는 곳도 많이 있습니다. 만약 그가 베이징을 다녀왔다면 저는 시안을 추천해 주겠습니다. 시안은 중국의 역사도시입니다. 그곳에서 진시황릉, 병마용, 화청지 등을 볼 수 있습니다. 중국의 역사를 이해할 수 있을 뿐만 아니라 중국의 발전 모습도 직접 목격할 수 있을 것입니다.

단어
- 首都 [shǒudū] 명 수도
- 名胜古迹 [míngshènggǔjì] 명 명승고적
- 游玩 [yóuwán] 동 놀다
- 历史 [lìshǐ] 명 역사
- 秦始皇陵 [qínshǐhuánglíng] 명 진시황릉

Tip '值得'는 '~할 가치가 있다'는 뜻으로 '值得+동사' 형태로 쓰인다.

예) 这本书值得一读。 이 책은 읽어 볼 만한 가치가 있다.
这家饭店值得光顾。 이 식당은 가 볼 만하다.

3 질문: **你一般去大型超市买东西, 还是传统市场买东西?**

예시답안: 我一般都去大型超市买东西。
wǒ yì bān dōu qù dà xíng chāo shì mǎi dōng xi
第一个理由是在超市可以少买一点儿。
dì yí gè lǐ yóu shì zài chāo shì kě yǐ shǎo mǎiyì diǎnr.
我家只有丈夫和我, 所以不需要买
wǒ jiā zhǐ yǒu zhàng fu hé wǒ, suǒ yǐbù xū yào mǎi
很多。以前去传统市场买过东西。
hěn duō. yǐ qián qù chuán tǒng shì chǎng mǎi guò dōng xi.
当时我要买半斤西红柿,
dāng shí wǒ yào mǎi bàn jīn xī hóng shì,
不过卖菜的阿姨就给了我眼色看。
bú guò mài cài de ā yí jiù gěi le wǒ yǎn sè kàn.
第二, 大型超市常常搞优惠活动,
dì èr, dà xíng chāo shì cháng cháng gǎo yōu huì huó dòng,
所以能买到又便宜又好的东西。
suǒ yǐ néng mǎi dào yòu pián yi yòu hǎo de dōng xi.
第三, 我去大型超市买东西
dì sān, wǒ qù dà xíng chāo shì mǎi dōng xi
最重要的理由就是
zuì zhòng yào de lǐ yóu jiù shì
超市里可以刷卡, 不用给现金。
chāo shì li kě yǐ shuā kǎ, bú yòng gěi xiàn jīn.

실전 모의고사 답안

한글해석
질문: 당신은 대형 슈퍼에서 물건을 사나요? 아니면 전통시장에서 물건을 사나요?
예시답안: 저는 일반적으로 대형 슈퍼에서 물건을 삽니다. 첫 번째 이유는 슈퍼에서는 적은 양도 살 수 있기 때문입니다. 우리 집은 남편과 저밖에 없기 때문에 많이 살 필요가 없습니다. 예전에 전통시장에 가서 물건을 산 적이 있습니다. 그때 저는 토마토 반 근을 샀는데 야채 파는 아주머니가 저에게 눈치를 주었습니다. 둘째, 대형 슈퍼는 종종 할인 행사를 하기 때문에 싸고 좋은 물건을 살 수 있습니다. 셋째, 대형 슈퍼에서 물건을 사는 가장 큰 이유는 카드를 사용할 수 있어 현금을 사용하지 않아도 되기 때문입니다.

단어
- 西红柿 [xīhóngshì] 명 토마토
- 阿姨 [āyí] 명 아주머니
- 眼色 [yǎnsè] 명 눈치
- 优惠 [yōuhuì] 형 특혜의, 우대의
- 刷卡 [shuākǎ] 통 카드를 긁다

Tip '眼色'란 '눈치, 눈짓'이라는 뜻이다. '递眼色[dìyǎnsè]'란 '윙크를 보내다'는 표현이고 '看眼色[kànyǎnsè]'는 '눈치를 살피다'는 표현이다.

4 질문: 要是有一个星期的假期, 那么你最想做什么?

예시답안:
要是我有一个星期的假期,
yào shì wǒ yǒu yí ge xīng qī de jià qī,

那么我想好好儿休息、运动。
nà me wǒ xiǎng hǎo hāor xiū xi, yùn dòng.

因为平时工作很忙,
yīn wèi píng shí gōng zuò hěn máng

所以常常加班。不能按时吃饭、休息。
suǒ yǐ cháng cháng jiā bān. bù néng àn shí chī fàn, xiū xi.

根本没有时间运动。导致身体
gēn běn méi yǒu shí jiān yùn dòng. dǎo zhì shēn tǐ

变得很差, 常常感到疲惫。
biàn de hěn chà, cháng cháng gǎn dào pí bèi.

要是有时间的话, 我想把时间花在
yào shì yǒu shí jiān de huà, wǒ xiǎng bǎ shí jiān huā zài

恢复健康上。在家充分地休息,
huī fù jiàn kāng shang. zài jiā chōng fèn de xiū xi,

每天晚上出去锻炼身体。
měi tiān wǎn shang chū qù duàn liàn shēn tǐ.

한글해석
질문: 만약 일주일의 휴가가 주어진다면 당신은 무엇을 하고 싶나요?
예시답안: 저에게 일주일의 휴가가 주어진다면 마음껏 휴식을 취하고 운동을 할 것입니다. 왜냐하면 평소 일이 바빠 자주 야근을 합니다. 제때에 밥을 먹거나 휴식을 하지 못합니다. 운동할 시간은 거의 없습니다. 그래서 건강이 나빠져 자주 피곤함을 느낍니다. 만일 시간이 있다면 저는 그 시간을 건강을 회복하는 데에 사용할 것입니다. 집에서 충분히 휴식하고 매일 저녁 운동을 하러 나갈 것입니다.

단어
- 假期 [jiàqī] 명 휴가
- 休息 [xiūxi] 통 휴식하다
- 导致 [dǎozhì] 통 (어떤 사태를) 야기하다, 초래하다, 가져오다
- 疲惫 [píbèi] 형 대단히 피곤하다
- 花 [huā] 통 쓰다

Tip '按时'란 '제때에, 제 시간에'라는 뜻의 전치사로 '按时+동사'는 '시간에 맞추어 어떤 일을 하다.'라는 표현이다.
예) 你按时吃药, 好好儿休息就好了。
제 시간에 약을 먹고 잘 쉬면 곧 좋아질 겁니다.
这项任务一定要按时完成。
이 임무는 반드시 제때에 완수해야만 합니다.

5 질문: 你最适合做什么职业?

예시답안:
我是一个很独立而热情的人,
wǒ shì yí ge hěn dú lì ér rè qíng de rén,

而且是个诚实正直的人。
ér qiě shì ge chéng shí zhèng zhí de rén.

我觉得我最适合当老师。
wǒ jué de wǒ zuì shì hé dāng lǎo shī.

老师是学生的依靠,
lǎo shī shì xué sheng de yī kào,

无论处理什么问题都需要
wú lùn chǔ lǐ shén me wèn tí dōu xū yào

老师独立做出决定, 指导好学生。
lǎo shī dú lì zuò chū jué dìng, zhǐ dǎo hǎo xué sheng.

当老师还要有热情和爱心。
dāng lǎo shī hái yào yǒu rè qíng hé ài xīn.

老师只有热情开朗才能
lǎo shī zhǐyǒu rè qíng kāi lǎng cái néng

和学生们友好相处,
hé xué sheng men yǒu hǎo xiāng chǔ,

才能给他们温暖和关怀。
cái néng gěi tā men wēn nuǎn hé guān huái.

最重要的是要诚实正直,
zuì zhòng yào de shì yào chéng shí zhèng zhí,

因为老师是学生的榜样,
yīn wèi lǎo shī shì xué sheng de bǎng yàng,

所以得以身作则。
suǒ yǐ děi yǐ shēn zuò zé.

한글해석
질문: 당신은 어떤 직업이 가장 어울리나요?
예시답안: 저는 독립적이고 열정적인 사람입니다. 또 성실하고 정직합니다. 그래서 저는 선생님이 되는 것이 가장 적합하다고 생각합니다. 선생님은 학생들이 의지하는 사람입니다. 무슨 일을 처리하든 선생님이 단독으로 결정을 하고, 학생을 잘 지도해야 합니다. 또 선생님이 되려면 열정과 사랑하는 마음이 있어야 합니다. 선생님이 열정적이고 활발해야만 학생들과 잘 지낼 수 있고 그들을 따뜻하게 감싸주고 배려할 수 있습니다. 가장 중요한 것은 선생님은 성실하고 정직해야 합니다. 왜냐하면 선생님은 아이들의 본보기로서 솔선수범해야 하기 때문입니다.

단어
- 依靠 [yīkào] 명 지지자, 후원자
- 独立 [dúlì] 통 독립하다
- 指导 [zhǐdǎo] 통 지도하다
- 关怀 [guānhuái] 통 배려하다
- 榜样 [bǎngyàng] 명 본보기

Tip '以身作则[yǐshēnzuòzé]'는 사자성어로 '솔선수범을 하다'는 뜻이다.
예 他是个以身作则的人。
그는 솔선수범하는 사람이다.
家长在家给孩子做榜样, 以身作则。
학부모는 집에서 아이에게 모범이 되어 솔선수범해야 한다.

第五部分：拓展回答

1 질문: 你认为人口老龄化给社会带来什么影响?

예시답안:
一对小夫妻要供养4个老人
yí duì xiǎo fū qī yào gòng yǎng sì gè lǎo rén
还要抚养孩子。这样每个家庭
hái yào fǔ yǎng hái zi. zhè yàng měi ge jiā tíng
养老的负担相当沉重。
yǎng lǎo de fù dān xiāng dāng chén zhòng.
而且也会给社会加重负担。
ér qiě yě huì gěi shè huì jiā zhòng fù dān.
其理由是因为社会养老保障体系
qí lǐ yóu shì yīn wèi shè huì yǎng lǎo bǎo zhàng tǐ xì
不完善, 但是国家要支付的
bù wán shàn, dàn shì guó jiā yào zhī fù de
退休金每年并没有增加。
tuì xiū jīn měi nián bìng méi yǒu zēng jiā.
老人为了生存推后退休,
lǎo rén wèi le shēng cún tuī hòu tuì xiū,
导致年轻人找不到工作,
dǎozhì nián qīng rén zhǎo bu dào gōng zuò.
失业率越来越高。久而久之,
shī yè lǜ yuè lái yuè gāo. jiǔ ér jiǔ zhī,
很多年轻人找不到工作。
hěn duō nián qīng rén zhǎo bu dào gōng zuò.
最终造成社会不稳定。
zuì zhōng zào chéng shè huì bù wěn dìng.
所以国家首先要解决
suǒ yǐ guó jiā shǒu xiān yào jiě jué
老年人生活保障的问题。
lǎo nián rén shēng huó bǎo zhàng de wèn tí.

한글해석
질문: 당신은 인구의 고령화가 사회에 어떤 영향을 가져온다고 생각합니까?
예시답안: 젊은 부부 한 쌍이 4명의 노인을 부양하고 아이를 양육합니다. 이렇게 각각의 가정이 노인을 부양해야 하는 부담이 상당합니다. 게다가 사회의 부담도 가중됩니다. 왜냐하면 사회보장이 아직 미숙한 가운데 국가가 지불해야 하는 연금이 매년 증가하기 때문입니다. 노인들은 생계를 위해 퇴직을 미루기 때문에 젊은이들이 직업을 찾기가 어려워 실업률이 점점 높아집니다. 이렇게 시간이 지나면 많은 젊은이들이 직업을 찾지 못할 것입니다. 이렇게 되면 사회가 불안정해질 것입니다. 그러므로 국가는 먼저 노인들의 생계를 보장해 주는 문제부터 해결해야 합니다.

단어
- 严重 [yánzhòng] 형 심각하다
- 负担 [fùdān] 명 부담
- 完善 [wánshàn] 형 완벽하다
- 退休 [tuìxiū] 통 퇴직하다
- 失业率 [shīyèlǜ] 실업률

Tip '久而久之'란 '오랜 시간이 지나다'는 뜻의 성어로서 문장의 맨 앞에 쓰여 시간이 경과한 뒤의 변화를 이끈다.
예 久而久之, 他能听懂一点儿汉语了。
오랜 시간이 지나 그는 중국어를 조금 이해할 수 있었다.
久而久之, 妈妈的身体渐渐好起来了。
오랜 시일이 지나 어머니의 건강이 조금씩 좋아지기 시작했다.

2 질문: 很多家长让孩子去各种各样的补习班, 你对这个现象有什么看法。

예시답안:
很多家长都望子成龙,
hěn duō jiā zhǎng dōu wàng zǐ chéng lóng,
望女成凤。
wàng nǚ chéng fèng.
因此, 不顾孩子的喜好就让他们
yīn cǐ, bú gù hái zi de xǐ hào jiù ràng tā men
去各种各样的补习班学习。
qù gè zhǒng gè yàng de bǔ xí bān xué xí.
我觉得报什么补习班一定要
wǒ jué de bào shén me bǔ xí bān yí dìng yào
根据孩子的兴趣爱好决定。
gēn jù hái zi de xìng qù ài hào jué dìng.
虽然说在学生时代
suī rán shuō zài xué sheng shí dài
应该打好基础积累更多的知识,
yīng gāi dǎ hǎo jī chǔ jī lěi gèng duō de zhī shi,
但是不考虑孩子的喜好的话
dàn shì bù kǎo lǜ hái zi de xǐ hào de huà
只会让孩子对学习失去兴趣。
zhǐ huì ràng hái zi duì xué xí shī qù xìng qù.
所以不要让孩子太辛苦,
suǒ yǐ bú yào ràng hái zi tài xīn kǔ,
或者强迫他们去补习班。
huò zhě qiáng pò tā men qù bǔ xí bān.

한글해석
질문: 많은 학부모가 아이들을 각종 학원에 보냅니다. 이러한 현상에 대해 어떻게 생각하나요?
예시답안: 많은 학부모가 자신의 아이가 훌륭한 사람이 되길 바랍니다. 그래서 아이들의 흥미는 고려하지 않고 각종 학원에 보냅니다. 저는 어떤 학원을 등록할 것인지는 아이의 흥미에 따라 결정해야 한다고 생각합니다. 비록 학생 때 기초를 다지고 더 많은 지식을 쌓아

실전 모의고사 답안

야 하겠지만 아이의 흥미를 고려하지 않는다면 아이가 공부에 흥미를 잃게 될 것입니다. 그러므로 아이를 너무 힘들게 하거나 강제로 학원에 보내면 안 됩니다.

단어
- 凤凰 [fènghuáng] 명 봉황
- 兴趣 [xìngqù] 명 흥미
- 打基础 [dǎjīchǔ] 통 기초를 다지다
- 获得 [huòdé] 통 얻다
- 强迫 [qiángpò] 통 강제로 시키다

Tip '望子成龙, 望女成凤'이란 '아들은 용이 되길 바라고 딸은 봉황이 되길 바란다'는 뜻이다. 이는 요즘 부모들이 자기 자식이 미래에 훌륭한 인물이 되길 바라는 마음을 나타내는 말이다.

3
질문: 目前社会很多年轻夫妻选择做丁克族。你对这个现象有什么看法?

예시답안:
丁克是指即使结婚了也不要孩子的意思。
dīng kè shì zhǐ jí shǐ jié hūn le yě bú yào hái zi de yì si.

现在越来越多的年轻人
xiàn zài yuè lái yuè duō de nián qīng rén

选择做丁克族。他们一般觉得
xuǎn zé zuò dīng kè zú. tā men yì bān jué de

这个社会工作压力大, 物价又高,
zhè ge shè huì gōng zuò yā lì dà, wù jià yòu gāo,

没有能力给孩子
méi yǒu néng lì gěi hái zi

良好的成长环境。
liáng hǎo de chéng zhǎng huán jìng.

与其这样还不如夫妻俩过着
yǔ qí zhè yàng hái bù rú fū qī liǎng guò zhe

安稳的生活, 享受人生。
ān wěn de shēng huó, xiǎng shòu rén shēng.

不过我个人觉得孩子是
bú guò wǒ gè rén jué de hái zi shì

夫妻之间的桥梁,
fū qī zhī jiān de qiáo liáng,

没有孩子的话夫妻之间的关系
méi yǒu hái zi de huà fū qī zhī jiān de guān xi

也会变得平淡。
yě huì biàn de píng dàn.

所以我不同意做丁克族。
suǒ yǐ wǒ bù tóng yì zuò dīng kè zú.

한글해석
질문: 현재 많은 젊은 부부가 딩크가 되는 것을 선택합니다. 이러한 현상에 대해 어떻게 생각하나요?

예시답안: 딩크란 결혼을 하고도 아이를 갖지 않는 것을 말합니다. 현재 점점 많은 젊은이들이 딩크가 될 원합니다. 그들은 사회적으로 업무 스트레스가 많고 물가가 높아 아이에게 좋은 성장 환경을 제공해 줄 능력이 없다고 생각합니다. 이러느니 차라리 부부 두 사람이 안정적인 생활을 하며 인생을 즐기는 편이 낫다고 생각합니다. 하지만 저는 아이는 부부를 연결하는 다리와도 같다고 생각합니다. 아이가 없으면 부부 사이의 관계도 점점 냉담해질 것입니다. 그래서 저는 딩크가 되는 것에 반대합니다.

단어
- 丁克 [dīngkè] 딩크
- 物价 [wùjià] 명 물가
- 享受 [xiǎngshòu] 통 향유하다
- 桥梁 [qiáoliáng] 명 교량, 다리
- 暗淡 [àndàn] 형 암담하다

Tip 'A是指B'는 'A는 B를 가리킨다.'는 뜻으로 용어의 의미나 개념을 밝힐 때 사용하는 표현이다.
  예) 白领是指不仅受过高等教育, 有工作经验, 而且是从事脑力劳动的阶层。
  화이트칼라란 고등교육을 받고 업무 경험이 있을 뿐만 아니라 정신노동을 하는 계층을 가리킨다.
  白色污染是指塑料袋、塑料用品所造成的环境污染。
  백색 오염이란 비닐봉지나 플라스틱 용품으로 인해 발생한 환경오염을 가리킨다.

4
질문: 去国外留学的话, 和外国朋友合住好还是自己住好?

예시답안:
我觉得如果经济情况不好的话
wǒ jué de rú guǒ jīng jì qíng kuàng bù hǎo de huà

应该找一个室友合住比较好。
yīng gāi zhǎo yí ge shì yǒu hé zhù bǐ jiào hǎo.

这样不仅可以省钱,
zhè yàng bù jǐn kě yǐ shěng qián,

还可以互相依靠。
hái kě yǐ hù xiāng yī kào.

如果他是个外国人,
rú guǒ tā shì ge wài guó rén,

那么不仅学习外语更容易,
nà me bù jǐn xué xí wài yǔ gèng róng yì,

而且还能接触到别国的文化。
ér qiě hái néng jiē chù dào bié guó de wén huà.

但是经济情况好,
dàn shì jīng jì qíng kuàng hǎo,

性格又内向的人还是选择自己住
xìng gé yòu nèi xiàng de rén hái shì xuǎn zé zì jǐ zhù

比较好。和外国朋友住在一起的话,
bǐ jiào hǎo. hé wài guó péng you zhù zài yì qǐ de huà,

因为生活习惯不同
yīn wèi shēng huó xí guàn bù tóng

而会发生矛盾, 而且不太自由。
ér huì fā shēng máo dùn, ér qiě bú tài zì yóu.

总之, 要按照个人的情况决定。
zǒng zhī, yào àn zhào gè rén de qíng kuàng jué dìng.

한글해석
질문: 해외로 유학을 간다면 외국인 친구와 함께 사는 것이 좋을까요? 아니면 혼자 사는 것이 좋을까요?

예시답안: 저는 만약 경제 사정이 좋지 않다면 마땅히 룸메이트를 구하는 것이 비교적 좋다고 생각합니다. 이렇게 하면 돈을 절약할 수 있을 뿐만 아니라 서로 의지할 수도 있습니다. 만약 룸메이트가 외국인이라면 더

쉽게 외국어를 배울 수 있고 다른 나라의 문화도 접할 수 있을 것입니다. 그러나 경제 사정이 좋고 성격이 내성적이라면 혼자 사는 것이 좋을 것입니다. 외국인과 함께 산다면 생활습관이 다르기 때문에 마찰이 생길 수 있고 게다가 자유롭지 못합니다. 한마디로 말해, 개인의 상황에 맞게 결정해야 합니다.

단어
- 留学 [liúxué] 동 유학하다
- 合住 [hézhù] 함께 살다
- 省钱 [shěngqián] 동 돈을 절약하다
- 依靠 [yīkào] 동 의지하다
- 接触 [jiēchù] 동 접하다

Tip '按照'는 '~에 의해, ~에 따라'라는 뜻의 전치사이다.
예 按照自己的决定推进。
　 자신의 결정에 따라 밀고 나간다.
　 按照国际法处理。
　 국제법에 의거하여 처리한다.

짙은 파란색으로 하셨어요? 요구 사항에 부합하지 않으면 받아주지 않는다고 들었어요. 게다가 한 번 보세요, 사진 크기도 틀려요. 그들이 요구하는 여권 사진 크기는 작은 2촌 크기예요. 이 상황을 어떻게 해결하실 건가요? 저는 아저씨가 무료로 새로 찍어주시길 바래요.

단어
- 护照 [hùzhào] 명 여권
- 背景 [bèijǐng] 명 배경
- 符合 [fúhé] 부합하다
- 尺寸 [chǐcùn] 명 길이의 단위, 약 3.3cm
- 免费 [miǎnfèi] 동 무료로

Tip '把A弄成B'란 'A를 B로 만들다'라는 뜻이다. '把자문'에서는 조동사, 시간부사, 부정부사의 위치가 동사 앞이 아니라 '把' 앞이라는 것에 주의하자.
예 我不会把豆子弄成豆腐。
　 나는 콩으로 두부를 만들 줄 몰라요.
　 你怎么能把事情弄成这样？
　 너는 어떻게 일을 이 지경으로 만들 수 있니?

第六部分：情景应对

1
질문 你为了办护照去照相馆拍了照片。但是摄影师把背景弄成深蓝色了。你跟摄影师说明情况然后要求他重新拍。

예시답안
叔叔，你是不是搞错了。
shū shu, nǐ shì bu shì gǎo cuò le.

我要的是护照照片。
wǒ yào de shì hù zhào zhào piàn.

你不知道护照照片背景颜色
nǐ bù zhī dào hù zhào zhào piàn bèi jǐng yán sè

一定要是白色的吗？你怎么把
yí dìng yào shì bái sè de ma? nǐ zěn me bǎ

背景颜色弄成深蓝色了？
bèi jǐng yán sè nòng chéng shēn lán sè le?

他们说要是不符合要求的话
tā men shuō yào shì bù fú hé yāo qiú de huà

就不受理。而且你看看，尺寸也不对。
jiù bú shòu lǐ. ér qiě nǐ kàn kan, chǐ cùn yě bú duì.

他们要求的护照照片尺寸是
tā men yāo qiú de hù zhào zhào piàn chǐ cùn shì

小二寸。你说这个情况
xiǎo èr cùn. nǐ shuō zhè ge qíng kuàng

要怎么处理？我希望你能重新
yào zěn me chǔ lǐ? wǒ xī wàng nǐ néng chóng xīn

免费给我拍一次。
miǎn fèi gěi wǒ pāi yí cì.

한글해석 질문: 당신이 여권을 만들기 위해 사진관에 가서 여권 사진을 찍었습니다. 그런데 촬영 기사가 사진 배경을 짙은 파란색으로 설정했습니다. 촬영사에게 상황을 설명하고 다시 찍어 줄 것을 요구해 보세요.

예시답안: 아저씨, 뭔가 잘못 알고 계시는 거 아니에요? 제가 원한 것은 여권 사진이에요. 여권 사진 배경 색깔이 반드시 흰색이어야 하는 것을 모르시나요? 왜 배경을

2
질문 你的弟弟因为放假不规律地生活，所以被妈妈批评了一顿。他在房间里伤心得哭了。你作为他哥哥安慰一下吧。

예시답안
小明啊，别哭了。妈妈也是为你好。
xiǎo míng a, bié kū le. mā ma yě shì wèi nǐ hǎo.

从放暑假那一天开始你的生活
cóng fàng shǔ jià nà yì tiān kāi shǐ nǐ de shēng huó

一直都不规律。每天晚上玩电子游戏
yì zhí dōu bù guī lǜ. měi tiān wǎn shang wán diàn zǐ yóu xì

很晚才睡觉，早上还睡懒觉。
hěn wǎn cái shuì jiào, zǎo shang hái shuì lǎn jiào.

白天跟朋友们出去玩儿，不写作业。
bái tiān gēn péng you men chū qù wánr, bù xiě zuò yè.

但是因为刚放假，妈妈相信你
dàn shì yīn wèi gāng fàng jià, mā ma xiāng xìn nǐ

玩儿几天就会有规律地生活。
wánr jǐ tiān jiù huì yǒu guī lǜ de shēng huó.

没想到，到现在你把作业
méi xiǎng dào, dào xiàn zài nǐ bǎ zuò yè

放在一边，只顾着玩儿。
fàng zài yì biān, zhǐ gù zhe wánr.

你快点儿擦干眼泪然后
nǐ kuài diǎnr cā gān yǎn lèi rán hòu

跟我做计划表吧。
gēn wǒ zuò jì huá biǎo ba.

现在改改你的生活方式也来得及。
xiàn zài gǎi gai nǐ de shēng huó fāng shì yě lái de jí.

한글해석 질문: 당신의 동생이 방학을 하고 불규칙한 생활 때문에 어머니께 꾸중을 들었습니다. 그래서 속이 상한 동생이 방에서 울고 있습니다. 형으로써 동생을 위로해 보세요.

예시답안: 샤오밍아, 울지 마. 엄마는 다 너를 위해서 그런 거

실전 모의고사 답안

한글해석
야. 여름 방학이 시작되는 날부터 너는 줄곧 불규칙한 생활을 해 왔잖아. 매일 밤 전자게임을 하고 늦게 자고 아침에는 늦잠을 잤잖아. 낮에는 친구들과 놀러 나가고 숙제도 안 했어. 그래도 엄마는 방학이 시작한 지 얼마 되지 않았으니, 며칠 놀다 다시 규칙적으로 생활할 것이라고 믿으셨어. 뜻밖에도 너는 지금까지 숙제는 한쪽으로 미뤄 둔 채 놀기만 했잖니. 빨리 눈물을 닦고 나랑 같이 계획표를 만들어 보자. 지금 너의 생활 방식을 고쳐도 늦지 않아.

단어
- 放假 [fàng jià] 동 방학을 하다
- 规律 [guīlù] 형 규칙적이다
- 睡懒觉 [shuìlǎnjiào] 늦잠을 자다
- 顾 [gù] 동 돌보다
- 来得及 [láidejí] 동 늦지 않다

Tip '来得及'란 '시간이 있어 손쓸 틈이 있다'는 표현인 반면 '来不及'는 '시간이 부족하여 손쓸 틈이 없다'는 뜻이다.
예) 现在改你的缺点还来得及。
지금 너의 단점을 고쳐도 늦지 않다.
来不及了, 我们打车去吧。
늦었어, 우리 택시 타고 가자.

3 질문: 你的同学拿不定主意大学毕业后就业还是继续读书。请你给她一些忠告。

예시답안:
你愿意就业呢还是继续读研究生呢?
nǐ yuàn yì jiù yè ne hái shì jì xù dú yán jiū shēng ne?
我觉得这个问题还是要看
wǒ jué de zhè ge wèn tí hái shì yào kàn
你个人的情况和家庭经济情况。
nǐ gè rén de qíng kuàng hé jiā tíng jīng jì qíng kuàng.
如果你父母经济条件好,
rú guǒ nǐ fù mǔ jīng jì tiáo jiàn hǎo,
能资助你读研究生的话
néng zī zhù nǐ dú yán jiū shēng de huà
继续深造比较好。现在就业很难,
jì xù shēn zào bǐ jiào hǎo. xiàn zài jiù yè hěn nán,
如果尽量掌握好专业知识的话,
rú guǒ jìn liàng zhǎng wò hǎo zhuān yè zhī shí de huà,
以后找到一份好工作会更容易。
yǐ hòu zhǎo dào yífèn hǎo gōng zuò huì gèng róng yì.
不过家庭条件不太好的话,
bú guò jiā tíng tiáo jiàn bú tài hǎo de huà,
你还是去找工作吧。
nǐ hái shì qù zhǎo gōng zuò ba.
不过你也可以一边工作
bú guò nǐ yě kě yǐ yì biān gōng zuò
一边去大学继续学习啊。
yì biān qù dà xué jì xù xué xí a.
这样会减轻父母的负担,
zhè yàng huì jiǎn qīng fù mǔ de fù dān,
也可以继续学习。
yě kě yǐ jì xù xué xí.

한글해석 질문: 당신의 친구가 대학을 졸업하고 취업을 할지 계속 공부를 할지 결정하지 못하고 있습니다. 그녀에게 충고를 해 주세요.

예시답안: 너는 취업을 하고 싶니? 아니면 대학원에 가고 싶니? 내 생각에 이 문제는 너 개인의 상황과 가정의 경제 상황을 고려해서 결정해야 한다고 생각해. 만약에 부모님이 경제적 여건이 좋으셔서 네가 대학원에 진학하는 것을 도와주신다면 계속 공부하는 것이 좋겠지. 지금 취업도 많이 힘들어서 온 힘을 다해 전문 지식을 쌓는다면 이후에 쉽게 좋은 직업을 찾을 수 있을 거야. 하지만 가정 여건이 좋지 않다면 취직을 하렴. 하지만 일하면서 야간 대학에서 공부할 수도 있어, 이렇게 하면 부모님의 부담도 덜어드릴 수 있고 계속 공부도 할 수 있잖아.

단어
- 主意 [zhǔyì] 아이디어
- 读书 [dúshū] 학교에 다니다
- 深造 [shēnzào] 동 학문을 더 닦다
- 掌握 [zhǎngwò] 동 마스터하다
- 负担 [fùdān] 부담

Tip '拿不定'은 '주저하다, 결정하지 못하다'는 뜻이므로 '拿不定主意'란 '생각을 결정하지 못하다'는 뜻이다.

第七部分: 看图说话

예시답안
圣诞节的时候一个孩子
shèng dàn jié de shí hou yí ge hái zi
在商店里看着书包,
zài shāng diàn lǐ kàn zhe shū bāo,
他觉得书包很漂亮, 很想买。
tā jué de shū bāo hěn piào liang, hěn xiǎng mǎi.
不过打开钱包一看, 里面一分钱
bú guò dǎ kāi qián bāo yí kàn, lǐ miàn yì fēn qián
也没有。孩子很失望地回家了。
yě méi yǒu. hái zi hěn shī wàng de huí jiā le.
晚上他满脑子都是
wǎn shang tā mǎn nǎo zi dōu shì
白天在商店里看过的书包,
bái tiān zài shāng diàn lǐ kàn guo de shū bāo,
所以睡不着。
suǒ yǐ shuì bùzháo.
第二天早上孩子醒过来一看
dì èr tiān zǎo shang hái zi xǐng guò lái yí kàn
墙上挂着昨天想买的书包。
qiáng shàng guà zhe zuó tiān xiǎng mǎi de shū bāo.
孩子高兴得不得了。
hái zi gāo xìng de bù de liǎo.
原来妈妈知道他想买这个书包,
yuán lái mā ma zhī dào tā xiǎng mǎi zhè ge shū bāo,
所以偷偷地买回来了。
suǒ yǐ tōu tōu de mǎi huí lái le.

한글 해석	예시답안: 크리스마스이브에 한 아이가 상점에서 가방을 보고 있다. 아이는 가방이 너무 예뻐서 사고 싶었다. 그러나 지갑을 열어 보니 돈이 한 푼도 없었다. 아이는 실망해서 집으로 돌아왔다. 저녁에 아이의 머릿속은 온통 가방 생각뿐이라 잠을 이룰 수 없었다. 다음날 아침 아이가 잠에서 깨어 보니 벽에 어제 사고 싶었던 가방이 걸려 있었다. 아이는 너무 기뻤다. 알고 보니 엄마가 아이가 가방을 사고 싶어 하는 것을 알고 몰래 사다 놓은 것이다.
단어	• 圣诞节 [shèngdànjié] 명 성탄절 • 睡不着 [shuìbuzháo] 동 잠을 잘 수 없다 • 醒 [xǐng] 동 깨어 나다 • 失望 [shīwàng] 동 실망하다 • 原来 [yuánlái] 부 알고보니
Tip	'동사/형용사+得+不得了'는 정도 보어의 표현으로 정도가 최고에 달했음을 나타낸다. 이 외에도 '동사/형용사+极了, 死了, 透了' 등의 표현도 함께 알아두자. 예 我渴得不得了。 　　나는 목이 굉장히 마르다. 　　头疼得不得了, 给我点儿药吧。 　　나는 머리가 너무 아파요, 약 좀 주세요.